民國文存

92

老學八篇

陳柱 著

知識產權出版社

《老學八篇》是陳柱老子研究中的一部重要著作。在書中，陳柱對老子的生平，老子在文學、哲學上的成就、莊子學說與老子學說之間的關係以及二者的比較等問題進行了深刻而富有個性的分析。本書適合相關研究者閱讀與參考。

責任編輯： 文　茜　　　　　**責任校對：** 董志英
特約編輯： 馬珊珊　　　　　**責任出版：** 劉譯文

圖書在版編目（CIP）數據

老學八篇/陳柱著. —北京：知識產權出版社，2015.11
（民國文存）
ISBN 978-7-5130-3755-6

Ⅰ.①老…　Ⅱ.①陳…　Ⅲ.①老子—人物研究　Ⅳ.①B223.15

中國版本圖書館 CIP 數據核字（2015）第 220972 號

老學八篇

Laoxue Bapian

陳　柱　著

出版發行：**知識產權出版社** 有限責任公司			
社　　址：北京市海淀區馬甸南村 1 號	郵　　編：100088
網　　址：http://www.ipph.cn	郵　　箱：bjb@cnipr.com
發行電話：010-82000860 轉 8101/8102	傳　　真：010-82005070/82000893
責編電話：010-82000860 轉 8342	責編郵箱：wenqian@cnipr.com
印　　刷：保定市中畫美凱印刷有限公司	經　　銷：新華書店及相關銷售網站
開　　本：720mm×960mm　1/16	印　　張：9
版　　次：2015 年 11 月第一版	印　　次：2015 年 11 月第一次印刷
字　　數：115 千字	定　　價：30.00 元
ISBN 978-7-5130-3755-6	

民國文存

（第一輯）

編輯委員會

出版前言

　　民國時期，社會動亂不息，內憂外患交加，但中國的學術界卻大放異彩，文人學者輩出，名著佳作迭現。在炮火連天的歲月，深受中國傳統文化浸潤的知識分子，承當著西方文化的衝擊，內心洋溢著對古今中外文化的熱愛，他們窮其一生，潛心研究，著書立說。歲月的流逝、現實的苦樂、深刻的思考、智慧的光芒均流淌於他們的字裡行間，也呈現於那些細緻翔實的圖表中，在書籍紛呈的今天，再次翻開他們的作品，我們仍能清晰地體悟到當年那些知識分子發自內心的真誠，蘊藏著對國家的憂慮，對知識的熱愛，對真理的追求，對人生幸福的嚮往。這些著作，可謂是中華歷史文化長河中的珍寶。

　　民國圖書，有不少在新中國成立前就經過了多次再版，備受時人稱道。許多觀點在近一百年後的今天，仍可說是真知灼見。眾作者在經、史、子、集諸方面的建樹成為中國學術研究的重要里程碑。蔡元培、章太炎、陳柱、呂思勉、錢基博等人的學術研究今天仍為學者們津津樂道；魯迅、周作人、沈從文、丁玲、梁遇春、李健吾等人的文學創作以及傅抱石、豐子愷、徐悲鴻、陳從周等人的藝術創想，無一不是首屈一指的大家名作。然而這些凝結著汗水與心血的作品，有的已經罹於戰火，有的僅存數本，成為圖書館裡備受愛護的珍本，或成為古玩市場裡待價而沽的商品，讀者很少有隨手翻閱的機會。

鑑此，為整理保存中華民族文化瑰寶，本社從民國書海裡，精心挑出了一批集學術性與可讀性於一體的作品予以整理出版，以饗讀者。這些書，包括政治、經濟、法律、教育、文學、史學、哲學、藝術、科普、傳記十類，綜之為"民國文存"。每一類，首選大家名作，尤其是對一些自新中國成立以后沒有再版的名家著作投入了大量精力進行整理。在版式方面有所權衡，基本採用化豎為橫、保持繁體的形式，標點符號則用現行規範予以替換，一者考慮了民國繁體文字可以呈現當時的語言文字風貌，二者顧及今人從左至右的閱讀習慣，以方便讀者翻閱，使這些書能真正走入大眾。然而，由於所選書籍品種較多，涉及的學科頗為廣泛，限於編者的力量，不免有所脫誤遺漏及不妥當之處，望讀者予以指正。

目　錄

自　序

柱自去年秋，為諸生講《老子》，爰箸《老子人訓》，略採諸家之說，參以己見，意欲使之黸明訓詁，稍通玄恉也。既課畢，爰復授此八篇，以與《人訓》為一經一緯之用焉。既畢業，乃為之序，曰：“嗚呼！老子之學，蓋一極崇自由平等之學也！知此者，其唯清之嚴又陵乎？其言曰：‘黃老之道，民主之國之所用也，故能長而不宰，無為而無不為。君主之國，未有能用黃老者。漢之黃老，貌襲而取之耳。’”嗚呼！吾讀其說。不禁重為老子悲也！夫以酷愛自由平等之學說，不為天下後世之學者所知，而為少數狡詐者貌襲，轉以其所以欺天下愚後世者，歸功於老子。夫老子豈敢受其功哉？蓋嘗試論之：老子唯欲求夫平等自由，故對於古來君主，欲以恩德市民，聰明耀衆，以遂其奴隸億兆，鞭笞天下之願者，不得不深惡痛絕之。故為說以告之曰：“上德不德，是以有德；下德不失德，是以無德。”又曰：“天地不仁，以萬物為芻狗；聖人不仁，以百姓為芻狗。”蓋一有仁之心存焉，則望報之念斯起，而所謂仁者已立成市道，異夫天地所以生萬物之心矣。夫存於心者曰仁，見於行事者曰為。愛人當本不仁之心，則為政當為無為之政。故雖有政府，愛民治國，不足以言功，不足以言德。夫然：則一時之為政者，不足以勞吾民之愛戴，而封建世襲之根據，乃於是乎無所託足矣。此老子之所以為民主之治也。知此者，唯莊周最賢，故掊擊政府亦最力，以至智為大盜積，至聖為大盜守。大盜者何，則政府是已。故曰：“竊鉤者誅，竊國者為諸侯，諸侯之門，而仁義存。”然其言之也益肆，而復古之情，亦未免太過。在老子之意，不過緬想上古無政府之時，其人民之自由平等，遠非封建階級生成以後所能夢想，而莊子則欲一切反之容成大庭之世矣；在老子不過欲為於無為，學如不學，以減階級之競爭，而莊子則專務夫所謂絕聖棄知者矣。此莊周學老之失，而後世之復古派，所藉以游心於太古者也。韓非則不然，以老子不仁之恉、無為之說，盡納之於法術之中，以謂能守乎此，乃能無為而無不為矣。於是大反自由之說，力崇干涉之談，以自然為不足貴，而唯人為之是爭。故明古不如今，而今無法古之必要。蓋將老子芻狗百姓之說，因而芻狗聖人、芻狗先王矣。及秦用之，果以翦滅諸侯之國，而封建之制度遂於是消滅。然為之太過，專用己智，乃因而焚書坑儒，二世而亡，為天下之傻笑，此韓非學老之失，又後世復古派所藉以為口實者也。自是以後，有國者或以老子為守成之具，用兵者或視老子為權謀之家，而一切學者又或以清談為宗，或以隱逸為主，或以導引為事，皆世主所提倡，而欲率天下於無事，以固其子孫帝王萬世之業者也。是豈非與老子之初意大相剌謬者邪？嗟夫！莊生有言：「為之仁義以矯之，則並與仁義而竊之。」豈知其並老子之說而亦竊之哉？此吾所以重為老子悲也！豈非學者不能講明之咎與！向使昔之學者，能本韓子不法古之卓識，力行莊生揞擊大盜之說，則吾國自秦以後之政體，必有大異乎今日之所聞者，而今日政體革命之事，又必非今日之所云云而已矣。吾特表而出之，以見學說關係世變之巨有如是者！

中華民國十六年三月十五日

北流陳柱，柱尊父序於上海大夏大學

老子之大略

司馬遷《史記·老子列傳》❶ 云：

老子者，楚苦縣厲鄉曲仁里人也，姓李氏，名耳，字伯陽，謚曰聃，周守藏室之史也。孔子適周，將問禮於老子，老子曰："子所言者，其人與骨皆已朽矣，獨其言在耳。且君子得其時則駕；不得其時則蓬累而行。吾聞之：良賈深藏若虛；君子盛德容貌若愚。去子之驕氣與多欲，態色與淫志；是皆無益於子之身。吾所以告子若是而已。"孔子去，謂弟子曰："鳥，吾知其能飛；魚，吾知其能游；獸，吾知其能走；走者可以為罔；游者可以為綸；飛者可以為矰；至於龍，吾不知其乘風雲而上天。吾今日見老子，其猶龍邪？"老子修道德，其學以自隱無名為務。居周，久之，見周之衰，迺遂去，至關，關令尹喜曰："子將隱矣，彊為我著書。"於是老子迺著書上下篇，言道德之意，五千餘言，而去，莫知其所終。或曰："老萊子，亦楚人也，著書十五篇，言道家之用，與孔子同時云。"蓋老子百有六十餘歲，或言二百餘歲，以其脩道而養壽也。自孔子死之後，百二十九年，而《史記》周太史儋見秦獻公曰："始秦與周合而離，離五百歲而復合，合七十歲而霸王者出焉。"或曰："儋即老子。"或曰："非也。"世莫知其然否。老子隱君子也。老子之子名宗，宗為魏將，封於段干，宗子注，注子宮，宮玄孫假，假仕於漢孝文帝，

---

❶ 當為《史記·老子韓非列傳》。——編者註

而假之子解為膠西王卬太傅，因家於齊焉。世之學老子者則絀儒學，儒學亦絀老子。道不同，不相為謀，豈謂是邪？李耳無為自化，清靜自正。

《史記》此傳多疑蓋之辭。學者多惑焉。清儒畢沅作《老子道德經考異序》，辨之云：

沅案：古聃儋字通。《說文解字》有聃字，云："耳曼也。"又有儋字，云："垂耳也，南方瞻耳之國。"《大荒北經》《呂覽》瞻耳字並作儋。又《呂覽》老聃字，《淮南王》書瞻耳字皆作耽。《說文解字》又有耽字，云："耳大垂也。"蓋三字聲義相同。故並借用之。鄭康成云："老聃古壽考者之號。"斯為通論矣。老子與老萊子是二人。老子苦縣人。老萊子楚人。《史記》老萊子著書十五篇，《藝文志》作十六篇，亦為道家之言，且與孔子同時，故或與老子混而莫辨。沅又案："古又有萊氏，故《左傳》有萊駒。"老萊子應是萊子而稱老，如列禦寇師老商氏以商氏而俿老義同。當時人能久生不死皆以老推之矣。亦無異說焉。莊子云："孔子西藏書於周室，往見老聃。"又云："孔子南之沛見老聃。"又云："陽子居南之沛，老聃西遊秦，邀於郊，至於梁而遇老子。是孔子問禮之老子，即著道德書之老子，不得以其或在沛或在周而疑之。"

畢氏此文蓋辨老子與老萊子為二人，而與太史儋則為一人，而孔子問禮之老子亦即著《道德經》之老子也。汪中作《老子考異》，其所說亦有異同。其言云：

《史記·孔子世家》云："南宮敬叔與孔子俱適周問禮，蓋見老子云。"《老莊申韓列傳》云："孔子適周，將問禮於老子。"按：老子言行，今見於《曾子問》者凡四。是孔子之所從學者可信也。夫助葬而遇日食，然且以見星為嫌，止柩以聽變，其謹於禮也如是；

至其書則曰："禮者忠信之薄，而亂之首也。"下殤之葬，稱引周召、史佚，其尊信前哲也如是；而其書則曰："聖人不死，大盜不止。"彼此乖違甚矣。故鄭《注》謂古壽考者之稱。黃東發《日鈔》亦疑之，而皆無以輔其說。其疑一也。《本傳》云："老子楚苦縣屬鄉曲仁里人也。"又曰："周守藏室之史也。"按周室既東，辛有入晉；司馬適秦；史角在魯；王官之族，或流播於四方；列國之產，惟晉悼嘗仕於周。其他固無聞焉。況楚之於周，聲教中阻，又非魯鄭之比。且古之典籍舊聞，惟在瞽史，其人並世官宿業，羈旅無所置其身，其疑二也。《本傳》又云："老子隱君子也。"身為王官，不可謂隱，其疑三也。今按：《列子·黃帝》《說符》二篇，凡三載列子與關尹子答問之語。而列子與鄭子陽同時，見於本書。《六國表》鄭殺其相駟子陽在韓列侯二年，上距孔子之沒凡八十二年，關尹子之年世，既可考而知，則為關尹子著書之老子其年世亦從可知矣。文子《精誠篇》引老子曰："秦楚燕魏之歌，異傳而皆樂。"按：燕終《春秋》之世，不通盟會；《精誠篇》稱燕自文侯之後，始與冠帶之國。文公元年，上距孔子之歿，凡百二十六年，老子以燕與秦、楚、魏並稱，則老子已及見文公之始強矣。又魏之建國，上距孔子之歿，凡七十五年；而老子以之與三國齒，則老子已及見其侯矣。《列子·黃帝》篇載老子教楊朱事。《楊朱》篇禽子曰："以子之言問老聃、關尹，則子言當矣；以吾言問大禹、墨翟，則吾言當矣。然則朱固老子之弟子也。"又云："端木叔者子貢之世也。"又云："死也無瘞埋之資。"又云："禽滑釐曰：端木叔狂人也，辱其祖矣。段干生曰：端木叔達人也，德過其祖矣。"朱為老子之弟子，而及見子貢之孫之死，則朱所師之老子，不得與孔子同時也。《說苑·理政》篇楊朱見梁王，言治天下如運諸掌。梁之稱王自惠王始。惠王元年，上距孔子之歿，凡百十八年。楊朱已及見其王，則朱所師事之老子其年世可知矣。《本傳》云：“見周之衰，乃遂去，至關。抱樸子以為散關，又以為函谷關。”按：散關遠在岐州；秦函谷關在靈寶縣，正當周適秦之道。關尹又與鄭之列子相接，則以函谷為是。函谷之置，書無明文。當孔子之世，二崤猶為晉地；桃林之塞，詹瑕實守之；惟賈誼《新書·過秦》篇云：“秦孝公據崤函之固。”則是舊有其地矣。秦自躁懷以後，數世終衰，至獻公而始大。故《本紀》獻公二十一年，與晉戰於石門，斬首六萬；二十三年，與魏戰少梁，虜其將公孫痤。然則是關之置，實在獻公之世矣。由是言之，孔子所問禮者聃也，其人為周守藏之史；言與行，則《曾子問》所載者是也。周太史儋見秦獻公，《本紀》在獻公十一年，去魏文侯之歿十三年，而老子之子宗為魏將，封於段干，則為儋之子無疑；而言道德之意五千餘言者儋也；其入秦見獻公卽去周至關之事。《本傳》云：“或曰，儋，卽老子。”其言韙矣。至孔子稱老萊子今見於《太傅·禮衞將軍文子》篇、《史記·仲尼弟子列傳》亦載其說，而所云“貧而樂”者，與隱君子之文正合。老萊子之為楚人，又見《漢書·藝文志》。蓋卽苦縣屬鄉曲仁里也。而老聃之為楚人則又因老萊子而誤。故《本傳》老子語孔子：“去子之驕色與多欲，態色與淫志。”而《莊子·外物》篇則曰：“老萊子謂孔子去汝躬矜與汝容知。”《國策》載老萊子教孔子語，《孔叢子·抗志》篇以為老萊子語子思，而《說苑·敬慎》篇則以為常樅教老子。然則老萊子之稱老子也，舊矣。實則三人不相蒙也。若莊子載老聃之言，率原於道德之意，而《天道》篇載孔子西藏書於周室，尤誤後人。寓言十九，固已自揭之矣。

汪氏以老子與老萊子異，與畢說同；而以著《道德經》之老子

卽儋，亦與畢同；惟以著《道德經》之老子非孔子問禮之老子，則
與畢說異。近人馬敍倫辨之云：

> 按《史記·老子傳》雖若疑老子與老萊子為一人，然《仲尼弟
> 子傳》固判其為二人矣。

又云：

> 畢氏徒以聃、儋音可通假，而不覈其年之相去遠也；亦將以老
> 子果二百餘歲邪？汪氏之說，似覈矣。然所據者多出《列子》與
> 《文子》，二書皆漢晉以後人偽作也。

又云：

> 老子去周至關，當是至周竟上，卽以《莊子·寓言》篇，老子
> 西遊於秦為證，則自沛之秦越關必多，亦未必卽為函谷，不能以是
> 謂老子卽儋。老子與孔子同時，使老壽過孔子，則其孫許得為魏將，
> 猶子夏且為文侯師。然則汪氏以著道德上下篇者為儋，殊無碻據。
> 而聃與儋為二人，則固以年可推而知也。

馬氏之說，比畢汪為進矣。然吾以為《史記》云：“或曰：老
萊子亦楚人也，著書十五篇，言道德家之用”，與上文云：“於是老
子迺著書上下篇，言道德之意，五千餘言而去”，其敍述顯為二人。
未嘗疑為一人也。世人疑《史記》以老萊子與老子為一人者，蓋本
《史記正義》。《正義》云：“太史公疑老子或是老萊子，故書之。”
此《正義》之誤解史文也。史公之書老萊子，蓋以與老子為賓耳，
豈嘗有疑為一人之意哉？史文又云：“蓋老子百有餘歲，或言二百餘
歲，以其修道而養壽也，自孔子死之後，百二十九年，而《史記》
周太史儋見秦獻公曰：始秦與周合而離，離五百歲而復合，合七十
歲而霸王者出焉，或曰：儋卽老子。或曰：非也。世莫知其然否。
老子隱君子也。老子之子名宗，宗為魏將，封於段干。”此蓋漢人以

老子之學為神仙之術，而傅會為之說；史公采以入傳，而諷刺之意甚顯；觀其"或曰非也，世莫知其然否"二語，可知矣。而於其下復大書特書老子為隱君子，有子名宗，為魏將，則其非神仙可知。下又云："宗子注，注子宮，宮玄孫假，假仕於漢孝文帝，而假之子解為膠西王卬太傅。"則老子之後嗣，歷歷可見如此，則儋倘果為老子，老子之後嗣，豈不知之，而遽數典忘祖，待後人之疑其是非邪？是知儋決非老子，史公之意蓋見乎言外矣。後人不善讀史文，妄自誤會，而起紛紛之辨，亦可謂作繭自縛者矣。至著書上下篇之老子，與孔子問禮之老子，一謹於禮，一薄於禮，言雖相乖，理實無謬。蓋唯深知禮之意，而後能深知禮之失；亦猶其精覈於學，而後言"學不學"也。汪氏之說，豈盡然哉？若夫，《論語·述而》篇之"老彭"，鄭康成以為老，老聃；彭，彭祖；包咸以為老彭，殷大夫；皇侃以為老彭，彭祖年八百歲。如包、皇說，則"老彭"為彭祖一人，與著《道德經》之老子無涉；如鄭說，則"老彭"是二人，一為老聃，即著《道德經》之老子；一為彭祖；然彭在老先，何以經不稱彭老，簡朝亮据此駁難，不為無見也。近人馬敘倫云：

彭祖、老彭非一人，《漢書·古今人表》分之，是也。殷賢大夫之老彭與老子非一人，以其年相距甚遠也。至於《論語》之老彭是老子，知者，孔子之言曰："述而不作，信而好古，竊比於我老彭。"商之老彭，其事見於《大戴禮》者不相脗合；而老子五千文中，谷神不死四語，偽《列子》引為黃帝書，黃帝雖無書，而古來傳有此說，後人仰錄為書則許有之；故《呂氏春秋》《賈誼新書》皆有引也。又"將欲取之，必姑予之"，此《周書》之辭也；"強梁者不得其死"，此周廟《金人銘》之辭也；"天道無親，常與善人"，郎顗上便宜七事，以為《易》之辭；則老子蓋張前人之義而說之，不自創作也。又《漢書·藝文志》道家前有伊尹、大公、辛甲、鬻子四家，則道德之旨，不始老子，而有所承。又《禮·曾子問》記四事，則並"述而不作，信而好古"之證也。此皆事據灼然。若彭之與聃，證之音讀，自可通假，說文彭從壴彡聲，則聲歸侵類。然證之甲文作彭，或作彭，則段玉裁刪其聲字，是也。壴邊之彡，所以表鼓聲之彭彭，於聲類宜歸陽部，《說文》鼛衯為一字，《春秋》成十八年《左傳》士魴《公羊傳》作士彭，並可證也。聃聲談類，談陽之通，若《國策》更嬴虛發而鳥下，偽《列子·湯問》篇更作甘，而《說文》諴重文作訦，《詩·桑柔》瞻相臧腸狂協音，並其證矣。然使彭如舊說，從壴，彡聲，則侵談相通，古亦有徵：《少牢禮》有司徹乃敠，古文敠作尋；《儀禮·士冠禮》執以待於西坫，古文坫為襜；《周禮·鍾氏》以朱湛丹秫，注讀如漸車帷裳之漸，亦並其例矣。然則老子之字聃，而《論語》作彭者，弟子以其方言記之耳。若此事據，古籍多有，《春秋》哀十年《左傳》薛伯夷卒，《公羊傳》夷作寅。其一例也。又《論語》加"我"字於"老彭"上，前儒以為親之之辭，是也。蓋老子宋人而子姓，孔子之同姓，故然。

馬說頗為近之。今按《老子》上、下篇中稱述古聞者，頗為不少，略錄如下：

執古之道，以御今之有。能知古始，是謂道紀。（十四章）

古之善為道者，微妙玄通，深不可識。（十五章）

古之所謂曲則全者，豈虛言哉，誠全而歸之。（二十二章）

昔之得一者，天得一以清；地得一以寧；神得一以靈；谷得一以盈；萬物得一以生；侯王得一以為天下貞。（三十九章）

蓋聞善攝生者，陸行不過兕虎；入軍不被甲兵；兕無所投其角；虎無所措其爪；兵無所容其刃。（五十章）

古之善為道者，非以明民，將以愚之。（六十五章）

用兵有言：吾不敢為主而為客，不敢進寸而退尺。（六十九章，按：上章之末云是謂配天古之極，或說當作是謂配天之極，古字當屬此章之首，古下當有之字此文當為古之用兵者有言其說是也。）

此皆「述而不作，信而好古」之證矣。而《韓非子·喻老》篇尤多徵引古事，以說《老子》，則亦其明驗也。則謂老彭卽老聃，亦頗近事實。然老子之述古，蓋深悉於古事之得失。而能創作新哲學者；故上下篇無稱述黃帝、堯、舜禹、湯、文、武等名，均與諸子卓然獨異。而《莊子書》所引老子之言，則多掊擊黃帝、堯、舜之說。至流而為韓非，則且深惡痛絕於稱道先王矣。此學者所不可不知者也。

然則老聃何以冠以「老」字？何以又稱「老子」乎？鄭康成以「老子」為壽考之稱；葛玄以為生而皓首，故號老子；清儒姚鼐据莊子載孔子、陽子居皆南之沛見老聃，沛為宋地，而宋有老氏。老子者宋人子姓，老其氏。胡適云：

老子名耳，字聃，姓李氏，何以又稱老子呢？依我看來，那些「生而皓首，故稱老子」的話，固不足信；「以其年老，故號其書為老子」，也不足信。我以「老子」之稱，大概不出兩種解說：（一）「老」或是字。春秋時人往往把字用在名的前面，例如叔梁（字）紇（名）、孔父（字）嘉（名）、正（字）考父（名）、孟明（字）視（名）、孟施（字）舍（名）皆是。《左傳》文十一年，襄十年，《正義》都說：「古人連言名字者，皆先字後名。」或者老子本名聃字耳一字老，古人名字同舉，先說字而後說名，故戰國時的書皆稱老聃。此與人稱叔梁紇，正考父，都不舉其姓氏，正同一例。又古人的「字」下可加「子」字「父」字等字，例如孔子弟子冉求字

有，可稱"有子，"故後人又稱"老子"。這是一種說法。（二）
"老"或是姓。古代有氏姓的區別。尋常的小百姓，各依所從來為
姓，故稱"百姓""萬姓"貴族於姓之外，還有氏，如以國為氏，
以官為氏之類。老子雖不曾做大官，或者源出大族，故姓老而氏李，
後人不懂古代氏族制度，把氏姓兩事混作一事，故說姓某氏，其實
這三字是錯的。老子姓老，故人稱老聃，也稱老子。這也可備一說。

以上諸說，康成之說，屬望文生訓；葛玄之說，近荒誕不經；
姚氏之說，無以解於《史記》姓李之言；胡氏之說，為頗近之；然
吾以謂李老雙聲，老聃猶言李聃，老子猶言李子，李古或通里，故
李克古或作里克（見《春秋·閔二年》《左傳》及《呂覽先已篇
注》，又《史記·魏世家》及《韓詩外傳》）；理亦作李（見《管
子·大匡》篇及《五行》篇）。在古則為里，為理，在後世則為李；
方言音轉，則李老雙聲，猶離婁為雙聲也。故老聃亦有稱李聃者
（見六臣文選景福殿賦善注）然古來皆稱老子而獨無稱李子者，猶
《論語》稱老彭而不稱老聃，方言習慣使之然也。

然則老子之名字為何邪？此則《史記》雖有記載，當据王念孫
《讀書雜志》訂正。王念孫云：

《史記》原文本作"名耳，字聃，姓李氏"。今本姓李氏，在名
耳之上，字聃作字伯陽，謚曰聃，此後人取神仙家書改竄之耳。《索
隱》本書"名耳字聃姓李氏七字"，注云：按許慎云：聃，耳曼也。
故名耳字聃。有本字伯陽非正也。老子號伯陽父。此傳不稱也。據
此則唐時本已有作伯陽者，而小司馬引《說文》以正之。又按：
《經典釋文序錄》曰：老子者，姓李，名耳，字伯陽。《史記》云：
"字聃。"《文選·征西官屬送於涉陽侯詩注》引《史記》曰："老
子，字聃。"《遊天台山賦注》及《後漢書·桓帝紀注》並引《史

記》曰："老子名耳，字聃，姓李氏。"則陸及二李所見本，蓋與小司馬本同。而今本云云，為後人所改竄，明矣。又按：《文選·反招隱詩注》引《史記》曰："老子名耳，字聃。"又引《列仙傳》曰："李耳，字伯陽。"然則"字伯陽"，乃《列仙傳》文，若史公以老子為周之伯陽父，則不當列於管仲之後矣。

王校甚是。柱据此並頗疑或說《史記》"蓋老子百有六十餘歲至或曰儋卽老子或曰非也世莫知其然否"一段，為後人妄加，非史公之本文，其言不為無見，唯無碻據耳。

老子之別傳

　　太史公《史記·老子列傳》，余已錄於上篇，且略為論定矣。然吾觀莊子所錄老子之言行，有深足以補史文所不逮者，莊子書雖多寓言，然其言老子，則不特比後世所為《神仙傳》者流為徵實，且比之《史記》尤無迷離恍忽之言；故今采錄其文，而為斯傳。

　　以本為精，以物為粗，以有積為不足，澹然獨與神明居。古之道術，有在於是者，關尹、老聃，聞其風而悅之，建之以常無有，主之以太一，以濡弱謙下為表，以空虛不毀萬物為實。關尹曰："在己无居，形物自著。其動若水，其靜若鏡，其應若響。芴乎若亡，寂乎若清。同焉者和，得焉者失。未嘗先人，而嘗隨人。"老聃曰："知其雄，守其雌，為天下谿。知其白，守其辱，為天下谷。人皆取先，己獨取後。"曰："受天下之垢。人皆取實，己獨取虛。无藏也故有餘，巋然而有餘。其行身也徐而不費，无為也而笑巧。人皆求福，己獨曲全。"曰："苟免於咎。以深為根，以約為紀。"曰："堅則毀矣，銳則挫矣。常寬容於物，不削於人。可謂至極。關尹、老聃乎古之博大真人哉！"（《天下篇》先錄此段見老子學問之全體為本傳之論贊略仿《史記·伯夷列傳例》也。）孔子行年五十有一，而不聞道，乃南之沛見老聃，老聃曰："子來乎？吾聞子北方之賢者也，子亦得道乎？"孔子曰："未得也。"老子曰："子惡乎求之哉？"曰："吾求之於度數，五年而未得也。"老子曰："子又惡乎求之

13

哉？"曰："吾求之於陰陽，十有二年而未得。"老子曰："然，使道而可獻，則人莫不獻之於其君；使道而可進，則人莫不進之於其親；使道而可以告人，則人莫不告其兄弟；使道而可以與人，則人莫不與其子孫；然而不可者无佗也；中无主而不止，外無正而不行。由中出者不受於外，聖人不出；（郭注：由中出者，聖人之道也。外有能受之者，乃出耳。）由外入者无主於中，聖人不隱。（郭注：由外入者，假學以成性者也。雖性可學成，然要當內有其質。若無主於中，則無以藏聖道也。）名，公器也，不可多取；仁義，先王之蘧廬也，止可以一宿而不可久處，覯而多責。古之至人，假道於仁，託宿於義，以遊逍遙之虛，食於苟簡之田，立於不貸之圃。逍遙，无為也；苟簡，易養也；不貸，无出也；古者謂是采眞之遊。以富為是者不能讓祿；以顯為是者不能讓名；親權者不能與人柄；操之則慄，舍之則悲，而一無所鑒以闚其所不休者，是天之戮民也。怨恩取與諫教生殺，八者正之器也。唯循大變无所湮者為能用之。故曰：正者正也。其心以為不然者，天門弗開矣。"（《天運篇》次錄此段以見老子所居之地。）孔子見老聃而語仁義。老聃曰："夫播穅眯目，則天地四方易位矣；蚊虻噆膚，則通昔不寐矣。夫仁義憯然乃憤吾心，亂莫大焉。吾子使天下无失其朴，吾子亦放風而動，總德而立矣。又奚傑然若負建鼓而求亡子者邪？夫鵠不日浴而白；烏不日黔而黑。黑白之朴，不足以為辯；名譽之觀，不足以為廣。泉涸魚相與處於陸，相呴以濕，相濡以沫，不若相忘於江湖。"孔子見老聃歸，三日不談。弟子問曰："夫子見老聃亦將何規哉？"孔子曰："吾今乃於是乎見龍。龍合而成體，散而成章，成雲氣而養乎陰陽。予口張而不能嗋，予何規老聃哉？"子貢曰："然則人固有尸居而龍見，雷聲而淵默，發動如天地者乎？賜亦可得而觀乎？"遂以孔子聲見老聃。老聃方將倨堂而應微曰："予年運而往矣，子將何以戒我乎？"子貢曰："夫三王五帝之治天下不同，其係聲名，一也；而先生獨以為非聖人，如何哉？"老聃曰："小子少進，子何以謂不同？"對曰："堯授舜；舜授禹；禹用力而湯用兵；文王順紂而不敢逆；武王逆紂而不肯順；故曰：不同。"老聃曰："小子少進，余語汝，三皇五帝之治天下；黃帝之治天下，使民心一；民有其親死不哭而民不非也。堯之治天下，使民心親；民有為其親殺其殺而民不非也。舜之治天下，使民心競，民孕婦十月生子，子生五月而能言，不至乎孩而始誰。則人始有夭矣。禹之治天下，使民心變；人有心而兵有順，殺盜非殺，人自為種而天下耳。（郭注：不能大齊萬物而人人自別斯人，自為種也。承百代之流而會乎當今之變，其弊至於斯者，非禹也。故曰：天下耳言聖知之迹，非亂天下而天下必有斯亂。）是以天下大駭，儒墨皆起；其作始有倫，而今乎婦女。（郭慶藩云家世父曰，荀子樂論亂世之徵其服組其容婦，楊倞注：婦好兒而今乎婦女言諸子之興其言，皆有倫要而終相與為諧好，以悅人也。）何言哉？余語女：三皇五帝之治天下，名曰治之，而亂莫甚焉。三皇之知，上悖日月之明，下睽山川之精，中墮四時之施；其知憯於蠣蠆之尾、鮮規之獸，莫得安其性命之情者；而猶自以為聖人，不可恥乎其无恥也！"子貢蹴蹴然立不安。孔子謂老聃曰："丘治《詩》《書》《禮》《樂》《易》《春秋》六經，自以為久矣，孰知其故矣；以奸者七十二君，論先王之道，而明周、召之迹，一君无所鉤用，甚矣夫人之難說也！道之難明邪！"老子曰："幸矣，子之不遇治世之君也。夫六經，先王之陳迹也，豈其所以迹哉？今子之所言猶迹也；夫迹履之所出，而迹豈履哉？夫白鶂之相視，眸子不運而風化；蟲雄鳴於上風，雌應於下風，而風化；（郭注：鶂以眸子相視蟲，以鳴聲相應俱不待合而便生子，故曰風化。）類自為雌雄，故風化。性不可易；命不可變；時不可止；道不可壅；苟得於道，無自而不可；失焉者無自而可。"孔子不出，三月，復見，曰："丘得之矣，鳥鵲孺；魚傅沫；細要者化；有弟而兄啼。久矣夫！丘不與化為人；不與化為人，安能化人？"老子曰："可。丘得之矣。"（《天運》篇）孔子（原作夫子釋文。夫子，仲尼也。）問於老聃曰："有人治道若相放，可不可，然不然。辯者有言曰：離堅白若縣寓。若是則可謂聖人乎？"老聃曰："是胥易技係，勞形怵心者也。執留之狗成思。猿狙之便自山林來。（郭慶藩云家世父曰，熟玩文義言狗留繫思脫然，以去猨狙之在山林，號為便捷矣，而可執之以來皆失其性者也。）丘，予告若，而所不能聞，與而所不能言。凡有首有趾，無心無耳者眾，有形者與無形無狀而皆存者盡無。其動，止也；其死，生也；其廢，起也；此又非其所以也。有治在人，忘乎物，忘乎天，其名為忘己。忘己之人，是之謂入於天。"（《天地篇》）孔子西藏書於周室，子路謀曰："由聞周之徵藏史有老聃者，免而歸居，夫子欲藏書，則試往因焉。"孔子曰："善。"往見老聃，而老聃不許。於是繙《十二經》以說。老聃中其說，曰："大謾，願聞其要。"孔子曰："要在仁義。"老聃曰："請問仁義，人之性邪？"孔子曰："然，君子不仁則不成；不義則不生。仁義，真人之性也，又將奚為矣。"老聃曰："請問何謂仁義？"孔子曰："中心物愷，兼愛無私，此仁義之情也。"老聃曰："意！幾乎後言，夫兼愛，不亦迂乎？無私焉，乃私也。夫子若欲使天下無失其牧乎？則天地固有常矣；日月固有明矣；星辰固有列矣；禽獸固有羣矣；樹木固有立矣；夫子亦放德而行，循道而趨，已至矣；又何偈偈乎揭仁義，若擊鼓而求亡子焉？意！夫子亂人之性也。"（《天道》篇）孔子見老聃，老聃新沐，方

將被髮而乾，慹然似非人。孔子便而待之，少焉，見曰："丘也。眩
與？其信然與？向者先生形體掘若槁木，似遺物離人而立於獨也！"
老聃曰："吾游於物之初。"孔子曰："何謂邪？"曰；"心困焉而不
能知，口辯焉而不能言。嘗為汝議乎其將。至陰肅肅，至陽赫赫。
肅肅出乎天，赫赫發乎地。兩者交通成和而物生焉。或為之紀而莫
見其形，消息滿虛，一晦一明，日改月化，日有所為；而莫見其功。
生有所乎萌，死有所乎歸；始終相反乎無端，而莫知其所窮。非是
也，且孰為之宗？"孔子曰："請問遊是。"老聃曰："夫得是至美至
樂也。得至美而遊乎至樂，謂之至人。"孔子曰："願聞其方。"曰：
"草食之獸，不疾易藪；水生之蟲，不疾易水；行小變而不失其大常
也，喜怒哀樂不入於胸次。夫天下也者，萬物之所一也；得其所一
而同焉，則四支百種將為塵垢；而死生終始，將為晝夜；而莫之能
滑，而況得喪禍福之所介乎？棄隸者若棄泥塗，知身貴於隸也。貴
在於我而不失於變，且萬化而未始有極也。夫孰足以患心，已為道
者解乎此。"孔子曰："夫子德配天地而猶假至言以修心，古之君子，
孰能脫焉？"老聃曰："不然，夫水之於汋也，無為而才自然矣。至
人之於德也，不修而物不能離焉。若天之自高，地之自厚，日月之
自明，夫何修焉？"孔子出，以告顏回曰："丘之於道也，其猶醯雞
與？微夫子之發吾覆也，吾不知天地之大全也。"（《田子方》篇）
孔子問於老聃曰："今日晏閒，敢問至道。"老聃曰："汝齊戒疏瀹
而心，澡雪而精神，掊擊而知，夫道窅然難言哉！將為汝言其崖略。
夫昭昭生於冥冥，有倫生於無形，精神生於道，形本生於精，而萬
物以形相生。故九竅者胎生，八竅者卵生；其來無迹，其往無崖；
無門無房，四達之皇皇也。邀於此者四肢彊，思慮恂達，耳目聰明，
其用心不勞，其應物無方；天不得不高，地不得不廣，日月不得不

行，萬物不得不昌，此其道與？且夫博之不必知，辯之不必慧，聖人以斷之矣。若夫益之而不加益，損之而不加損者，聖人之所保也。淵淵乎其若海，巍巍乎其終則復始也。運量萬物而不匱，則君子之道彼其外與？萬物皆往資焉而不匱，此其道與?"（《知北游》篇）魯有兀者叔山無趾，踵見仲尼，仲尼曰："子不謹前，既犯患若是矣。雖今來何及矣。"無趾曰："吾唯不知務，而輕用吾身，吾是以亡足。今吾來也，猶有尊足者存，吾以務全之也。夫天無不覆，地無不載，吾以夫子為天地，安知夫子之猶若是也。"孔子曰："丘則陋矣。子胡不入乎？請講以所聞。"無趾出。孔子曰："弟子勉之！夫無趾，兀者也，猶務學以復補前行之惡，而況全德之人乎？"無趾語老聃曰："孔丘之於至人，其未邪？彼何賓賓以學子為？彼且蘄以淑詭幻怪之名聞，不知至人之以是為已桎梏邪?"老聃曰："胡不直使彼以死生為一條，以可不可為一貫者，解其桎梏其可乎？"無趾曰："天刑之，安可解。"（《德充符》篇以上老子與孔子及孔子弟子之問答故類錄之。）陽子居南之沛，老聃西游於秦，邀於郊，至於梁而遇老子，老子中道仰天而歎曰："始以汝為可教，今不可也。"陽子居不答，至舍，進盥漱巾櫛，脫屨戶外，膝行而前，曰："向者，弟子欲請夫子，夫子行不閒，是以不敢；今閒矣，請問其過。"老子曰："而睢睢盱盱，而誰與居？大白若辱；盛德若不足。"陽子居蹴然變容曰："敬聞命矣。"其往也，舍者迎將其家，公執席，妻執巾櫛，舍者避席，煬者避竈。其反也，舍者與之爭席矣。（《寓言》篇）陽子居見老聃曰："有人於此，嚮疾強梁，物徹疏明，學道不勧，如是者可比明王乎？"老聃曰："是於聖人也，胥易技係，勞形怵心者也。且曰虎豹之文來田；猨狙之便，執斄之狗來籍；如是者可比明王乎？"陽子居蹴然曰："敢問明王之治?"老聃曰："明王之治，功蓋天下而似不自已；化貸萬物而弗恃；有莫舉名，使物自喜；立乎不測，而游於無有者也。”（《應帝王》篇，以上老子與陽子居之問答故類錄之。）崔瞿問於老聃曰：“不治天下，安藏人心？”老聃曰：“女愼无攖人心。人心排下而進上，上下囚殺，淖約柔乎剛彊；廉劌彫琢，其熱焦火，其寒凝冰；其疾俛仰之間，而再撫四海之外；其居也淵而靜，其動也縣而天；憤驕而不可係者，其唯人心乎？昔者黃帝始以仁義攖人之心。堯、舜於是乎股無胈，脛無毛，以養天下之形；愁其五藏，以為仁義；矜其血氣，以規法度；然猶有不勝也。堯於是放驩兜於崇山，投三苗於三峗，流共工於幽都，此不勝天下也。夫施及三王，而天下大駭矣；下有桀跖，上有曾史。於是乎喜怒相疑，愚知相欺，善否相非，誕信相譏，而天下衰矣；大德不同，而性命爛漫矣；天下好知，而百姓求竭矣。於是乎釿鋸制焉，繩墨殺焉，椎鑿決焉；天下脊脊大亂，罪在攖人心。故賢者伏處大山嵁巖之下，而萬乘之君憂慄乎廟堂之上。今世殊死者，相枕也；桁楊者，相推也；刑戮者，相望也；而儒墨乃始離跂攘臂乎桎梏之間，意！甚矣哉！其無愧而不知恥也！甚矣！吾未知聖知之不為桁楊接槢也！仁義之不為桎梏鑿枘也！焉知曾史之不為桀跖嚆矢也！故曰：絕聖棄知，而天下大治。”（《在宥》篇）士成綺見老子而問曰：“吾聞夫子聖人也，吾固不辭遠道而來願見，百舍重趼而不敢息。今吾觀子非聖人也，鼠壤有餘蔬，而棄妹之者不仁也；生熟不盡於前，而積斂無崖。”老子漠然不應。士成綺明日復見，曰：“昔者吾有刺於子，今吾心正郤矣。何故也？”老子曰：“夫巧知神聖之人，吾自以為脫焉。昔者子呼我牛也，而謂之牛；呼我馬也，而謂之馬。苟有其實，人與之名而弗受，再受其殃。吾服也恆服，吾非以服有服。”士成綺鴈行避影，履行遂進，而問修身若何？老子曰："而容崖然，而目衝然，而顙頯然，而口闞然，而狀義然，似繫馬而止也。動而持，發也機，察而審，知巧而覩於泰。凡以為不信。邊竟有人焉，其名為竊。"（《天道》篇。郭注亦如汝所行非正人也。）老聃之役，有庚桑楚者，徧得老聃之道，以北居畏壘之山，其臣之畫然知者去之，其妾之挈然仁者遠之，擁腫之與居，鞅掌之為使。居三年，畏壘大攘，畏壘之民，相與言曰："庚桑子之始來，吾洒然異之。今吾日計之而不足，歲計之而有餘，庶幾其聖人乎？子胡不相與尸而祝之，社而稷之乎？"庚桑子聞之，南面而不釋然。弟子異之。庚桑子曰："弟子何異於予？夫春氣發而百草生，正得秋而萬寶成，夫春與秋豈無得而然哉？天道已行矣。吾聞至人尸居環堵之室，而百姓猖狂不知所如往。今以畏壘之細民，而竊竊焉欲俎豆予於賢人之閒，我其杓之人邪？吾是以不釋於老聃之言。"弟子曰："不然，夫尋常之溝，巨魚無所還其體，而鯢鰌為之制；步仞之丘陵，巨獸無所隱其軀，而孽狐為之詳。且夫，賢尊授能，先善與利，自古堯、舜以然，而況畏壘之民乎？夫子亦聽矣。"庚桑子曰："小子來，夫函車之獸，介而離山，則不免於罔罟之患，吞舟之魚，碭而失水，則蟻能苦之。故鳥獸不厭高，魚鼈不厭深。夫全其形生之人，藏其身也，不厭深眇而已矣。且夫二子者，又何足以揚稱哉？是其於辯也，將妄鑿垣牆，而殖蓬蒿也。簡髮而櫛，數米而炊，竊竊乎又何足以濟世哉！舉賢則民相軋，任知則民相盜，之數物者，不足以厚民；民之於利甚勤，子有殺父，臣有殺君，正晝為盜，日中穴阫；吾語女，大亂之本，必生於堯、舜之間，其末存乎千世之後；千世之後，其必有人與人相食者也。"南榮趎蹴然正坐曰："若趎之年者已長矣。將惡乎託業以及此言邪？"庚桑子曰："全汝形，抱汝生，無使汝思慮營營；若此三年，則可以及此言矣。"南榮趎曰："目之與形，吾不知其異也，而盲者不能自見；耳之與形，吾不知其異也，而聲者不能自聞；心之與形，吾不知其異也，而狂者不能自得；形之與形亦辟矣，而物或間之邪？欲相求而不能相得。今謂趎曰：全汝形，抱汝生，勿使汝思慮營營，趎勉聞道達耳矣。"庚桑子曰："辭盡矣。奔蜂不能化藿蠋；越雞不能伏鵠卵；魯雞固能矣，雞之與雞，其德非不同也，有能與不能者，其才固有巨小也。今吾才小，不足以化子，子胡不南見老子？"南榮趎贏糧七日七夜，至老子之所。老子曰："子自楚之所來乎？"南榮趎曰："唯。"老子曰："子何與人偕來之眾也？"南榮趎懼然顧其後。老子曰："子不知吾所謂乎？"南榮趎俯而慚，仰而歎，曰："今者吾忘吾答，因失吾問。"老子曰："何謂也？"南榮趎曰：不知乎？人謂我朱愚；知乎，反愁我軀；不仁則害人，仁則反愁我身；不義則傷彼，義則反求我己；我安逃此而可？此三言者，趎之所患也，願因楚而問之？"老子曰："向吾見若眉睫之間，吾因以得汝矣。今汝又言而信之，若規規然若喪父母揭竿而求諸海也，女亡人哉！惘惘乎！汝欲反汝情性而無由入，可憐哉！"南榮趎請入就舍，召其所好，去其所惡；十日自愁，復見老子。老子曰："汝自洒濯熱哉！鬱鬱乎！然其中津津乎！猶有惡也！夫外韄者不可繁而捉，將內揵；內韄者不可繆而捉，將外揵；外內韄者，道德不能持，而況放道而行者乎？"南榮趎曰："里人有病，里人問之，病者能言其病；然其病病者猶未病也。若迷之聞大道，譬猶飲藥加病也；趎願聞衛生之經而已矣。"老子曰："衛生之經，能抱一乎？能勿失乎？能無卜筮而知凶吉乎？（原作凶吉，依王念孫校改作凶吉。）能止乎？能已乎？能舍諸人而求諸己乎？能翛然乎？能侗然乎？能兒子乎？兒子終日嗥而嗌不嗄，和之至也；終日握而手不掜，共其德也；終日視而目不瞚，偏不在外也。

行不知所之，居不知所為，與物委蛇而同其波，是衛生之經已。"南榮趎曰："然則是至人之德已乎？"曰："非也，是乃所謂冰解凍釋者。能乎？夫至人者，相與交食乎地，而交樂乎天，不以人物利害相攖，不相與為怪，不相與為謀，不相與為事，儵然而往，侗然而來，是謂衛生之經已。"曰："然則是至乎？"曰："未也。吾固告汝曰：能兒子乎？兒子動不知所為，行不知所之，身若槁木之枝，而心若死灰；若是者禍亦不至，福亦不來！禍福无有，惡有人災也？"（《庚桑楚》篇）柏矩學於老聃曰："請之天下遊。"老聃曰："已矣。天下猶是也。"又請之。老聃曰："汝將何始？"曰："始於齊。"至齊，見辜人焉，推而強之，解朝服而幕之，號天而哭之，曰："子乎！子乎！天下有大菑，子獨先離之！"曰："莫為盜，莫為殺人。榮辱立然後覩所病；貨財聚然後覩所爭。今立人之所病，聚人之所爭，窮困人之身，使無休時，欲無至此，得乎？古之君民者，以得為在民，以失為在己；以正為在民，以枉為在己；故一形有失其形者退而自責。今則不然，匿為物而愚不識，大為難而罪不敢，重為任而伐不勝，遠其塗而誅不至；民知力竭，則以偽繼之；日出多偽，士民安取不偽？夫力不足則偽，智不足則欺，財不足則盜，盜竊之行，於誰責而可乎？"（《則陽》篇，以上老子與其徒役等問答故類錄之。）老聃（原作夫子。成疏云莊周師老君，故呼為夫子。）曰："夫道於大不終，於小不遺，故萬物備，廣廣乎其無不容也！淵乎其不可測也！形德仁義神之末也，非至人孰能定之？夫至人有世，不亦大乎？而不足以為之累，天下奪棟，而不與之偕；審乎無假，而不與利遷；極物之真，能守其本；故外天地，遺萬物，而神未嘗有所困也。通乎道，合乎德，退仁義，賓禮樂，至人之心有所定矣。"（《天道》篇。以上老子語附記於此，仿《史記·孔子世家》例也）

老聃死，秦失弔之，三號而出，弟子曰：「非夫子之友邪?」曰：「然，然則弔焉若此可乎?」曰：「然。始也，吾以為其人也，而今非也。向吾入而弔焉，有老者哭之，如哭其子；少者哭之，如哭其母。彼其所以會之，必有不言然而言，不蘄哭而哭者，是遯天倍情，忘其所受，古者謂之遁天之刑。適來，夫子時也；適去，夫子順也。安時而處順，哀樂不能入也，古者謂是帝之縣解。指窮於為薪，火傳也，不知其盡也。」（《養生主》篇。以上老子死事錄之於末，以見老子之終。）

老子之文學

昔司馬談論《六家要旨》，稱："道家無為又曰無不為，其實易行，其辭難知。"太史公於《老莊申韓列傳》後，亦稱："老子所貴道，虛無因應，變化於無為，故著書辭稱微妙難識。"又云："老子深遠矣。"然則老子之文辭，其為古人所重可知。雖然，此皆指其內容而言，未及言其外式也。吾嘗以謂文之理想為內容，文之音韻形色為外式。文之內容，猶人之精神；文之外式，猶人之形體；被錦繡於垂死之人，固不能以其為美；然殘生人之形體，使手足偏枯，語言瘖啞，則其精神豈有不受其損失者哉？孟子曰："西子蒙不潔，則人皆掩鼻而過之。"是則外式有不可不注意者矣。夫手足偏枯，言語瘖啞，則精神必受其累；反而言之，手足敏捷，語言清晰，則其人之精神豈不奕然可見哉？蒙不潔則人掩鼻；反而言之，衣文采，被芬芳，則西子之美豈不益美？文學之貴乎內容，而亦貴乎外式，亦猶是耳。今請以老子之文證之，《老子》為哲學之書，其內容之美，太史公父子言之善矣。茲論其外式。

一音韻：

《老子》全書多用韻語，如第一章云：

無名天地之始，有名萬物之母。故常無，欲以觀其妙；常有，欲觀其徼。

此文"始""母"韻，"妙""徼"韻。又如第二章云：

故有無相生，難易相成，長短相形，高下相傾。

此文"生""成""形""傾"韻。有以同字為韻者，如第一章云：

道可道，非常道；名可名，非常名。

此兩者同，出而異名；同謂之玄，玄之又玄，衆妙之門。

此文三"道"字韻，三"名"字韻，二"玄"字韻。有現似不韻，而在古為韻者，如第八章云：

正善治，事善能，動善時；夫惟不爭，故無尤。

此文除"治""時"韻本甚易知外，其餘"能""爭""尤"均似不韻。然古"能"字通作"而""爭"字讀作脂，"尤"字讀作移。則亦與"治""時"韻也。又有句中自為韻者，如四十四章云：

名與身，孰親？身與貨，孰多？得與亡，孰病？甚愛，必大費；多藏，必厚亡；知足，不辱；知止，不殆；可以長久。

此文"身""親"為韻；"貨""多"為韻；"亡""病"為韻；"愛""費"為韻；"藏""亡"為韻；"足""辱"為韻；"止""殆"為韻；"以""久"為韻；皆每一句句中字與末字為韻者也。此與《詩·鄘風·蟛蜞篇》"蟛蜞在東"，蜞東為韻；"朝隮於西"，隮西為韻；其例同也。

至其轉韻，尤多屬天籟之自然。如第二章云：

萬物作焉而不辭，生而不有，為而不恃；功成而弗居；夫惟弗居，是以不去。

此文"辭""有""恃"為一韻；"居""居""去"為一韻；是轉韻矣。然合之則"辭""有""恃""居""居""去"六字亦可謂為一韻；猶賈誼《鵩鳥賦》以"魚""疑"相韻也。又如第六章云：

谷神不死，是謂玄牝；玄牝之門，是謂天地根；綿綿若存，用之不勤。

此文"牝"讀"七"與"死"為一韻；然"牝"亦讀毗忍切，則又可與"門"韻；是又通為一韻矣。然此兩段之"辭""有""恃"諸字，與"居""居""去"諸字，各自為類；"死""牝"二字，與"門""根""存""勤"四字，亦各自為類；界限畫然，各不相雜：則又各自為韻也。蓋以雙聲對轉之韻，而為轉韻之法也。《詩經》轉韻最工此法，如《王風葛藟》篇云：

縣縣葛藟，在河之滸！終遠兄弟，謂他人父！謂他人父！亦莫我顧！

縣縣葛藟，在河之涘！終遠兄弟，謂他人母！謂他人母！亦莫我有！

縣縣葛藟，在河之漘！終遠兄弟，謂他人昆！謂他人昆！亦莫我聞！

此詩第一章，"滸""父""父""顧"為韻；第二章，轉為"涘""弟""母""母""有"韻。此其相轉猶《老子》第二章"辭""有""恃"韻與"居""居""去"韻相轉之理一也。第二章，"涘""母""母""有"為韻而第三章又轉為"漘""昆""昆""聞"韻；亦猶《老子》第六章"死""牝"韻而下轉為"門""根""存""勤"韻，一例也。蓋由甲韻轉乙韻時，雖各自為韻，而兩韻又本可雙聲對轉者也。故其韻轉而不轉，不轉而轉，讀之能極其音韻之自然，故鏗鏘動聽也。此論其音調也，茲進而論其辭句之體製。

二體製：

甲，有似三言詩者，如第三章云：

虛其心，實其腹，弱其志，強其骨。

第四章云：

挫其銳，解其紛，和其光，同其塵。

第八章云：

居善地，心善淵，與善仁，言善信，正善治，事善能，動善時。

凡此之類是也。

乙，有似四言詩者，如第二十一章云：

孔德之容，唯道是從；道之為物，唯恍唯惚。忽兮恍兮，其中有象；恍兮忽兮，其中有物。窈兮冥兮，其中有精；其精甚眞，其中有信。

第四十五章云：

大成若缺，其用不敝；大盈若沖，其用不窮；大直若屈；大巧若拙；大辯若訥。

凡此之類是也。有似六言詩者，第十二章云：

五色令人目盲，五音令人耳聾，五味令人口爽。

凡此之類是也。有似七言詩者，如第十章云：

滌除玄覽能無疵？愛民治國能無為？天門開闔能為雌？明白四達能無知？

此章除末四字句外，王弼本句末均有“兮”字，古本均無之。又有似《楚辭》體者，如第十五章云：

豫兮若冬涉川，猶兮若畏四隣，儼兮其若客，渙兮若冰之將釋，敦兮其若樸，曠兮其若谷，渾兮其若濁。

第二十章云：

衆人熙熙，如享太牢，如登春臺；我獨泊兮其未兆，如嬰兒之未孩，乘乘兮若無所歸。

凡此之類是也。有似歌行者，如第二十八章云：

知其雄，守其雌，為天下谿；為天下谿，常德不離，復歸於嬰兒。知其白，守其黑，為天下式；為天下式，常德不忒，復歸於無極。知其榮，守其辱，為天下谷；為天下谷，常德乃足，復歸樸。

凡此之類是也。凡此等均屬詩之形式者，後世說理之詩近之。夫老子言哲理之文也，尚用韻以助文之神情；而今人言情之詩，乃反不用韻；則其表情之具，不已缺乏乎？

老子之文，說理既精微，造詞亦神妙；其在文學，可謂內容外式，均能並美者；故古來文學界，亦引用甚博；茲將文選所引者，略錄如下。

悚悚，黔首，豈徒跼高天蹐厚地而已哉，乃救死於其頸。（張平子《東京賦》注善曰，老子曰，聖人在天下慄澡焉。柱按：六臣文選本題作《東都賦》，注云：東京謂洛陽，則題誤也。又本文作悚悚，善注作悚澡誤）

是以西匠營宮，目翫阿房，規摹踰溢，不度不臧。損之又損，然尚過於周堂。（同上注善曰：老子曰：損之又損之，以至於無為也。）

睿哲玄覽，都茲洛宮。（同上注善曰：老子曰：滌除玄覽。）

將使心不亂其所在，目不見其所可欲。（同上注善曰：老子曰：不見可欲使心不亂。）

終日不離於輜重，獨微行其焉如。（同上注善曰：老子曰：聖人終日行不離輜重。張楫曰，輜重有衣車也。）

却走馬以糞車，何惜騕褭與飛兔。（同上注綜曰：老子曰：天下無道，戎馬生於郊；天下有道，却走馬以糞。）

其甘不爽，醉而不醒。（張平子《南都賦》注善曰：老子曰：五味令人口爽。《廣雅》曰：爽，傷也。）

土壤不足以攝生，山川不足以周衞。（左太冲《吳都賦》注劉曰：老子曰：善攝生。）

載漢女於後，周追晉賈而同塵。（同上注劉曰：老子曰：和其光同其塵。）

劍閣雖嶮，憑之者躓非，所以深根固蒂也。洞庭雖濬負之者，北非所以爱人治國也。（左太冲《魏都賦》注善曰：老子曰：有國之母可以長久，是謂根深固蒂、長生久視之道。又老子曰，愛民治國能無知乎?）

上垂拱而司契，下緣督而自勸。（同上注劉曰：老子曰：聖人執左契而不責於人，有德司契，無德司徹。）

皇恩綽矣，帝德沖矣。（同上注善曰：老子曰：大盈若沖。）

尊盧、赫胥、羲農、有熊，雖自以為道洪化以為隆世篤玄同奚遽不能與之踵武而齊其風。（同上注善曰：老子曰：知者不言，言者不知，是謂玄同。）

生生之所常，厚洵美之所不渝。（同上注劉曰：老子曰：人之輕死以其生生之厚也，謂通生生之精以自厚也。）

閑居隘巷，室邇心遐。富仁寵義，識競弗羅。千乘為之軾廬，諸侯為之止戈，則干木之德自解紛也。（同上注善曰：老子曰：解其紛也。）

先生玄識，深頌靡測。得聞上德之至盛，匪同憂於有聖。（同上注劉曰：老子曰：古之士，微妙玄通，深不可識夫！惟不可識，故強為之頌。故曰：先生玄識，深頌靡測。又曰：上德無為，而無不為。）

長幼雜遝以交集，士女頒斌而咸戾。被褐振裾，垂髫總髻。（潘安《仁藉田賦》注善曰：老子曰：被褐而懷玉。）

高以下為基，民以食為天。（同上注善曰：老子曰：貴必以賤為本，高必以下為基。）

怕乎無為，憺乎自恃。（司馬相如《子虛賦》注善曰：老子曰：我獨泊然而未兆。）

且人君以玄默為神，澹泊為德。（楊子雲《長楊賦》善曰：老子曰：我獨泊然而未兆。）

若乃耽盤流遁，放心不移，忘其身恤，司其雄雌，樂而無節，端操或虧。此則老氏之所誡，而君子之所不為。（潘安仁《射雉賦》注：老子曰：馳騁畋獵，令人心發狂。）

知性命之在天，由力行而近仁勉。仰高而蹈景，盡忠恕而與人。（曹大家《東征賦》注善曰：老子曰：天道無親，常與善人。）

清靜少谷，師公綽兮。（同上注善曰：老子曰：清淨為天下正。）

竭股肱於昏主，赴塗炭而不移。（潘安仁《西征賦》注善曰：老子曰：國家昏亂有忠臣。）

命有始而必終，孰長生而久視。（同上注善曰：老子曰：長生久視之道。）

既餐服以屬厭，泊恬情以無欲。（同上注：老子曰：我好靜，而民自正。我無欲，而民自樸。）

上之邅下，猶鈞之埏埴。（同上注善曰：老子曰：埏埴以為器。）

密邇獫狁，戎馬生郊。（同上善曰：老子曰：天下無道，戎馬生於郊。）

太虛遼廓而無閡，運自然之妙有，融而為川瀆，結而為山阜。（孫興公《遊天台山賦》注善曰：太虛謂天也，自然謂道也，無閡謂無名，妙有謂一也，言大道運彼自然之妙一而生萬物也。管子曰：虛而無形謂之道。《鵩鳥賦》曰：寥廓忽荒。老子曰：道生一。王弼曰：一數之始，而物之極也。謂之為妙有者，欲言有不見其形。則非有固謂之妙。欲言其無物由之生，則非無故謂之有也。斯乃無中之有。謂之妙有也。阮籍通老子論曰：道法自然，易謂之太極，春秋謂之元，老子謂之道也。老子曰：三生萬物。鍾會曰：散而為萬物也。）

雖一冒於垂堂，乃永存乎長生。（同上注善曰：老子曰：長生久視之道。）

釋二名之同出，消一無於三幡。（同上注善曰：老子曰：無名，天地之始。有名，萬物之母。故常無欲以觀其妙，常有欲以觀其微。此兩者，同出而異名，同謂之玄。）

疆理宇宙，甄陶國風。雲行雨施，品物咸融。（何平叔《景福殿賦》注善曰：李聃曰：埏埴為器。）

莫不優遊以自得，故淡泊而無所思。（同上注善曰：老子曰：道之出，口淡乎其無味。）

協靈通氣，漬薄相陶。流風蒸雷，騰虹楊霄。（郭景純《江賦》注善曰：老子曰：陰陽陶冶萬物。）

登春臺之熙熙兮，珥金貂之炯炯。（潘安仁《秋興賦》注善曰：老子曰：眾人熙熙如享太牢，如登春臺。）

苟趨舍之殊塗兮，庸詎識其躁靜。（同上注善曰：老子曰：重為輕根，靜為躁君。）

彼知安而忘危兮，故出生而入死。（同上注善曰：老子曰：出生入死。）

授簡於司馬大夫，曰：抽子祕思，騁子妍辭，侔色揣稱，為寡人賦之。（謝惠連《雪賦》注善曰：老子曰：王公自謂孤寡不穀。）

釋志智遺形兮，超然自喪。（賈誼《鵩鳥賦》注善曰：老子曰：

燕處超然。）

願先生為之賦，使四座咸共榮觀，不亦可乎？（禰正平《鸚鵡賦》注善曰：老子曰：雖有榮觀，燕處超然。）

何造化之多端兮，播羣形於萬類。（張茂先《鷦鷯賦》注善曰：老子曰：道生萬物。）

道混成而自然兮，術同源而分流。（班孟堅《幽通賦》注善曰：老子曰：有物混成，先天地生。又曰：道法自然也。）

默無為以凝志兮，與仁義乎逍遙。不知戶而知天下兮，何必歷遠以劬勞。（張平子《思玄賦》注善曰：老子曰：上德無為，又曰：不出戶而知天下。）

於時曜靈俄景，繼以望舒。極盤遊之至樂，雖日夕而忘劬。感老氏之遺誡，將回駕乎蓬廬。（張平子《歸田賦》注翰曰：老子曰：馳騎田獵，令人心發狂。）

於是覽知足之分，庶浮雲之志。（潘安仁《閑居賦》注善曰：老子曰：知足不辱，知止不殆。）

仰眾妙而絕思，終優遊以養拙。（同上注善曰：老子曰：玄之又玄，眾妙之門。）

意惚怳以遷越兮，神一夕而九升。（潘安仁《寡婦賦》注善曰：老子曰：惚兮怳兮，其中有象。）

怛驚悸兮無聞，超惝怳兮慟懷。（同上注善曰：老子曰：惚兮怳兮，其中有象。）

同橐籥之罔窮，與天地乎並育。（陸士衡《文賦》注善曰：老子曰：天地之間，其猶橐籥乎？）

微風纖妙，若存若亡。（馬季長《長笛賦》注善曰：老子曰：若存若亡。）

玄妙足以通神悟靈，精微足以窮幽測深。（成公子安《嘯賦》注善曰：老子曰：玄之又玄，眾妙之門。）

恢恢大圓，茫茫九壤。（束廣微《補亡詩》注善曰：老子曰：天網恢恢。）

誠以天網不可重罹，聖恩難可再恃。（曹子建《上責躬應詔詩表》注善曰：老子曰：天網恢恢。）

疫癘淫行，荊棘成榛。（潘安仁《關中詩》注善曰：老子曰：師之所處，荊棘生焉。）

恢恢皇度，穆穆聖容。（應吉甫《晉武帝華林園集詩》注善曰：老子曰：天網恢恢，疏而不失。）

行捨其華，言去其辯。游心至虛，同規易簡。（同上注善曰：處其實而不處其華。老子曰：致虛極。）

道隱未形，治彰既亂。（顏延年《應詔讌曲水作詩》注善曰：老子曰：大象無形。又曰：道隱無名。）

物性其情，理宣其奧。（顏延年《皇太子釋奠會詩》注善曰：老子曰：道者，萬物之奧。）

積痾謝生慮，寡欲罕所闕。（謝靈運《鄰里相送方山詩》注善曰：老子曰：少思寡欲。）

劉伶善閉關，懷情滅聞見。（顏延年《五君詠》注善曰：老子曰：善閉者，無關鍵而不可開。）

天長地自久，人道有虧盈。（盧子陽《詠霍將軍北伐詩》注善曰：老子曰：天長地久。）

寄言攝生客，試用此道推。（謝靈運《石壁精舍還湖中詩》注善曰：老子曰：善攝生者不然。）

窈冥終不見，蕭條無可欲。（沈休文《游沈道士館詩》注善曰：

老子曰：窈兮冥其中有精。）

曰余知止足，是願不須豐。（沈休文《游沈道士館詩》注善曰：老子曰：知足不辱，知止不殆。）

恢恢六合間，四海一何寬。天網布紘綱，投足不獲安。（歐陽堅石《臨終詩》注善曰：老子曰：天網恢恢，疎而不失。）

志在守樸，養素全眞。（稽叔夜幽憤詩注善曰：老子曰：見素抱樸，少私寡欲。）

君子敬止，愼爾所主。（王仲宣《贈文叔良詩》注善曰：老子曰：愼終如始，則無敗事。）

衰疾近辱殆，庶幾並懸輿。（張茂先《答何劭詩》注善曰：老子曰：知足不辱，知止不殆。）

明闇信異姿，靜躁亦殊形。（同上注善曰：老子曰：重為輕根，靜為躁君。）

詠之彌廣，挹之彌沖。（潘正叔《贈陸機詩》注善曰：老子曰：大滿若充沖。）

芻狗之談，其最得乎。（劉越石《答盧諶詩》注善曰：老子曰：天地不仁，以萬物為芻狗。聖人不仁，以百姓為芻狗。結芻為狗也，言天地不愛萬物，類祭祀之棄芻狗也。然此與談老者，不同彼美而此怨耳。）

殊方感成貨，微物豫采甄。（謝靈運《還舊園詩》注善曰：老子曰：夫惟道善，貨且成。）

蓄實每希聲，雖祕猶彰徹。（顏延年《贈王太常詩》注善曰：老子曰：大音希聲。）

寵辱易不驚，戀本難為思。（潘安仁《在懷縣作詩》注善曰：老子曰：寵辱若驚，何謂也？辱為下，得之若驚，是謂寵辱若驚。）

小國寡民務，終日寂無事。（同上注善曰：老子曰：小國寡民。）

眞想初在衿，誰謂形迹拘。（淘淵明《始作鎭軍參軍經曲阿作詩》注善曰：老子曰：修之於身，其德乃眞。）

遭物悼遷斥，存期得要妙。（謝靈運《七里瀨詩》注善曰：老子曰：湛兮似或存。王弼曰：和光而不汙其體，同塵而不渝其眞。不亦湛兮，似或存兮。）

時危見臣節，世亂識忠良。（鮑明遠《出自薊北門行》注善曰：老子曰：國家昏亂，有忠臣焉。）

流詠太素，俯讚玄虛。（嵇叔《夜雜詩》注善曰：老子曰：玄之又玄，衆妙之門。）

形變隨時化，神感因物作。（盧子諒《時興詩》注善曰：老子曰：萬物並作，吾以觀其復。）

寡欲不期勞，即事罕人功。（謝靈運《田南樹園激流植援詩》注善曰：老子曰：少松寡欲。柱按：松，當為私之形誤。）

一朝許人諾，何能坐相捐。（袁隅源《效曹子建樂府白馬篇》注善曰：老子曰：輕諾者，必寡信。）

莊生悟無為，老氏守其眞。（江文通《雜體詩》注善曰：老子曰：見素抱樸。）

甘脆肥醲，命曰腐腸之藥。（枚叔《七發》注善曰：《呂氏春秋》曰：肥肉厚酒，務以相強，命曰腐腸之食。高誘注：老子曰：五味實曰爽傷，故謂之爛腸之食。）

怳兮忽兮，聊兮慓兮，混汨汨兮。（同上注善曰：老子曰：恍兮忽兮，其中有物。）

遊心於浩然，玩志乎衆妙。（張景陽《七命》注善曰：老子曰：玄之又玄，衆妙之門。）

耽口爽之饌，甘腊毒之味。（同上注善曰：老子曰：五味，令人口爽。）

卻馬於糞車之轅，銘德於昆吾之鼎。（同上注善曰：老子曰：天下有道，卻走馬以糞。）

林無被褐，山無韋帶。（同上注善曰：老子曰：聖人被褐懷玉。）

向子誘我以聾耳之藥，樓我以蔀家之屋。（同上注善曰：老子曰：五音令人耳聾。）

田游馳蕩，利刃駿足。既老氏之攸戒，非吾人之所欲。（同上注向曰：老子云：五音令人耳聾騁騁曰獵令人心發征。柱按：向注：曰當作田，征當作狂，皆形誤。）

自氓俗澆弛，法令滋彰。（王元良《永明九年策秀才文》注善曰：老子曰法令滋章盜賊多有也。）

神器流離，再辱荒逆。（劉越石《勸進表》注善曰：老子曰：天下神器，不可為也。為者，敗之韋昭。曰：神器，天子璽符服御之物也。）

止足之分，臣所宜守。（庾元亮《讓中書令表》注善曰：老子曰：知足不辱，知止不殆。）

雖太上至公，聖德無私。（同上注善曰：老子曰：太上，下知有之。）

匡復社稷，大弘善貸。（殷仲文《解尚書表》注善曰：老子曰：夫惟道，善貸且成。）

道隱旒纊，信充符璽。（任彥昇《為蕭楊州作薦士表》注善曰：老子曰：大象無形，道隱無名。）

鄙情贅行，造次以之。（沈休文《奏彈王源》注善曰：老子曰：自伐無功，自矜不長，其在道。曰：餘食贅行。）

非夫體通性達，受之自然，其孰能至於此乎？（楊德祖《答臨淄侯牋》注善曰：老子曰：天法道，道法自然。）

愛民治國，道家所尚。（孫子荊《為石仲容與孫皓書》注善曰：老子曰：愛人治國，能無知乎？）

立功立事，開國稱孤。（丘希範《與陳伯之書》注善曰：老子曰：王侯自稱孤寡不穀。）

談空空於釋部，覈玄玄於道流。（孔德璋《北山移文》注翰曰：玄玄，謂玄之又玄也，道流謂老子也。）

竊道鼎司，傾覆重器。（陳孔璋《為袁紹檄豫州》注善曰：老子曰：天下之大器也。）

是故知玄知默，守道之極。爰清爰靜，遊神之庭。（楊子雲《解嘲》注善曰：老子曰：知清知靜，為天下正。）

廣樹恩不足以敵怨，勤興利不足以補害。故曰：代大匠斲者，必傷其手。（陸士衡《豪士賦序》注善曰：老子曰：夫代大匠斲，希有不傷其手。）

功既成矣，世既貞矣。（王元良《曲水詩序》注善曰：老子曰：王侯得一而天下貞。）

居厚者不矜其多，居薄者不怨其少。（任彥昇《王文憲集序》注善曰：老子曰：前識者，道之華而愚之始。是以大丈夫處厚不處薄。）

恢恢廣野，誕節會圖。（陸士衡《漢高祖功臣頌》注善曰：老子曰：天網恢恢。）

湼而無滓，既濁能清。（夏侯孝《若東方朔畫贊》注善曰：老子曰：孰能濁以靜之徐清。）

董卓之亂，神器遷偪。（袁彥伯《三國名臣贊》注善曰：老子曰：天下神器，不可為也。為者敗之。）

謀解時紛，功濟宇內。（同上注善曰：老子曰：解其紛。）

謀寧社稷，解紛挫銳。（同上注善曰：老子曰：挫其銳，解其紛。）

浮沉交錯，庶類混成。（班孟堅《典引》注善曰：老子曰：有物混成，先天地生。）

然宦人之在王朝者，其來舊矣。將以其體非全氣，情志專良，通關中人，易以役養乎？（范蔚宗《宦者傳論》注善曰：老子曰：未知牝牡之合而全作。）

不知神器有命，不可以智力求。（班叔皮《王命論》注善曰：老子曰：天下神器，不可為也。為者敗之也。）

豈非深根固蒂，不拔之道乎？（曹元首《六代論》注善曰：老子曰：有國之母，可以長久。是謂深根固蒂，長生久視之道。）

愛憎不棲於情，憂喜不留於意。泊然無感而體氣和平。（嵇叔《夜養生論》注善曰：老子曰：我獨泊然而未兆。）

咸歎恨於所遇之初，而不知慎衆險於未兆。（同上注善曰：老子曰：未兆易謀。）

今以躁競之心，涉希靜之塗。（同上注善曰：老子曰：聽之不聞，名曰希。）

善養生者則不然，清虛靜泰少私寡欲。（同上注善曰：老子曰：少私寡欲。）

無為自得，體妙心玄。（同上注善曰：老子曰：玄之又玄，衆妙之門。）

道德玄同，曲折合符。（李蕭遠《運命論》注善曰：老子曰：知者不言，言者不知。是為玄同。）

勢之所集,從之如歸。市勢之所去,棄之如脫遺。其言曰名與身孰親也?得與失孰賢也?榮與辱孰珍也?故遂絫其衣服,矜其車徒,冒其貨賄,淫其聲色,眽眽然自以為得矣。(同上注善曰:老子曰:名與身孰親?得與亡孰病也?)

譬猶眾目營方,則天網自昶。(陸士衡《五等諸侯論》注善曰:目,網目也。老子曰:天網恢恢,疏而不失。柱按:據注引老子,則本文當作天網。注文亦當作網目。)

皇統幽而不輟,神器否而必存者,豈非置勢使之然歟?(同上注善曰:老子曰:天下神器不可為也。為者敗之。)

夫道生萬物,則謂之道。生而無主,謂之自然。(劉孝標《辨命論》注善曰:老子曰:大道氾兮,萬物得之以生,而不辭功成,而不有愛養萬物,而不為之主。)

生之無亭毒之心,死之豈虔劉之志。(同上注善曰:老子曰:亭之,毒之,蓋之,覆之。)

或不召自來,或因人以濟。(同上注善曰:老子不召而自來。)

柔弱生之徒,老氏戒剛彊。(崔子玉《座右銘》注善曰:老子曰:人生也柔弱,其死也堅強。萬物草木,生也柔脆,其死也枯稿。故堅強者,死之徒,柔弱者,生之徒也。又曰:柔弱勝剛強。)

慎言,節飲食,知足,勝不祥。(同上注善曰:老子曰:知足不辱。)

暑來寒往,地久天長(陸佐公《石闕銘》注善曰:老子曰:天長地久。)

矧乃曰今慎終如始。(潘安仁《楊仲武誄》注善曰:老子曰:慎終如始,則無敗事也。)

雖今之作者,人自為量,而首路同塵,輟塗殊軌者多矣。(顏延年《陶徵士誄》注善曰：老子曰：和其光而同其塵。）

孰云與仁實疑明智。（同上注善曰：老子曰：天道無親，常與善人。）

其在先生，同塵往世。（同上注善曰：老子曰：和其光而同其塵。）

功成弗有，固秉攝抱。（王仲寶《褚淵碑文》注善曰：老子曰：功成而弗居。）

惟悅惟惚，不皦不昧。莫繫於去來，復歸於無物。（王簡《栖頭陀寺碑》注善曰：老子曰：道之為物，為悅為惚。又曰：一者，其上不皦，其下不昧。繩繩不可名，復歸於無物。鍾會曰：光而不耀，濁而不昧。繩繩兮其無繫，氾氾乎其無薄也，微妙難名，終歸于無物。）

象正雖闇，希夷未缺。（同上注善曰：老子曰：視之不見，名之曰夷。聽之不聞，名之曰希。）

撫同上德，綏用中典。（沈休文《齊故安陵昭王碑文》注善曰：老子曰：上德不德，是以有德。鍾會曰：體神妙以存化者，上德也。）

從諫如順流，虛己若不足。（任彥昇《文宣王行狀》注善曰：老子曰：太白若辱，廣德若不足。）

舉脩網之絕紀，紐大音之解徽。（陸士衡《弔魏武帝文》注善曰：老子曰：太音希聲。）

此《文選》諸篇引用老子之大略也。雖或有一二為注家所附會，然其衣被文人之廣亦可概見矣。

（以上所引均据上海商務印書館景宋六臣本。）

老子之學說

（一）宇宙學說。哲學之唯一問題，莫要於解釋宇宙，亦莫難於解釋宇宙。誠以宇宙為一切事物之源，非解決之無以得學術之究竟；而人類之智識，亦殆無滿足之時。夫亦惟宇宙為一切事物之源，而人類亦為一切事物之一，且與一切事物同包於宇宙之內，以人之形體壽命，比於宇宙，直如無物而已。故無論其測驗之如何精確，學識之如何進步，而欲解決宇宙之究竟，終似不可能。假其能之，則宇宙乃有盡之一物；而此一宇宙之外，又將有一宇宙焉而後可；如此，則層出而不窮，而此無窮之宇宙，仍非吾人所能解決也。故如今日天文學家言：太陽約在大宇之中部，距大宇之中心約數百兆兆里，其餘衆恆星分布四方，若密布於一大圈之上；其幅員之廣，自一端至彼端，以光速每秒鐘 186,000 英里之速率計之，亦須行 50,000 年之久方能達到，此卽吾人類所居之大宇云云。然此一大宇之外，豈遂無其他之大宇乎？天文家又言：吾人所居之大宇為一旋渦之星雲，其形為扁平，雙凸面形；自中心直至天河之邊，已二萬萬兆里有餘；自中心至兩軸之間，又為此數三分之一；使每一旋渦星雲，卽一獨立大宇，大小與吾人類之大宇相若，而星雲之數又在十萬以上云云。然此十萬以上云云者，亦就今日之可知者言耳；他日之所知，安知其不更有十百倍蓰於此者邪？吾人之所知愈遠，則星雲之數愈多；則大宇之數寧有窮盡乎？夫空閒為宇，時閒為宙；

大既不可得而言，則久亦豈可得而論？此宇宙所以不可以言語形容也。當老子之時代，對於宇宙之觀念，固甚幼稚，或多不免於神怪；而老子則不然，雖無今日實測之精確，而深知宇宙之不可思議，而名之曰道。其第一章云：

道可道，非常道；名可名，非常名。

《莊子·知北游》篇及《韓非子·解老》篇釋之最善。莊子之言曰：

道不可聞，聞而非也；道不可見，見而非也；道不可言，言而非也；知形之不形乎？道不當名。

韓非之言曰：

凡理者方圓短長麤靡堅脆之分也。故理定而後物可得道也。故定理有存亡，有死生，有盛衰。夫物之一存一亡，乍死乍生，初盛而後衰者，不可謂常，唯夫與天地之剖判也俱生，至天下之消散也不死不衰者，謂常。而常無攸易，無定理；無定理非在於常，是以不可道也。聖人觀其玄虛，用之周行，強字之曰道。然而可論，故曰：道之可道，非常道也。

夫道者指其體，名者言其名。今指人而問曰：“彭祖壽乎？”曰：“壽。”“四海大乎？”曰：“大。”此可道可名者也。然而可以謂之常道常名乎？是必不能，何也？以大椿比彭祖，則彭祖夭矣；以天地比四海，則四海小矣。故壽夭大小之形與名不可常也。故曰：“可道非常道；可名非常名。”由此以推，若指人而問之曰：“吾人所居之大宇其大幾何？”若如上答曰：“以太陽為中心，自一端至彼端，以光速每秒鐘 186,000 英里之速率計之，須行 50,000 年方能達到。然則如此可以謂之大矣乎？倘合吾人所居大宇以外之十萬以上之大宇計之，不亦眇乎其小邪？是大之形與名又失矣。”故七十六章云：

天下皆謂我道似不肖。夫唯大，故似不肖；若肖，久矣，其細也夫！

此之謂也。由是以推，窮人之年以計之，其大未始有窮，卽其大小亦未始有限，是皆非常道常名也。何也？有對待故也。故第二章云：

有無相生，難易相成，長短相較，高下相傾，音聲相和，前後相隨。

清人嚴復釋之云：

形氣之物，無非對待；非對待則不可思議；故對待為心知止境。

此言可謂精切。蓋一以對待之名形容之，則其當立喪也。第二十五章云：

有物混成，先天地生，寂兮寥兮，獨立而不改，周行而不殆，可以為天下母；吾不知其名，字之曰道，強為之名曰大。

按《韓非子·喻老》釋第一章有"強字之曰道"之語，疑為老子此章之文，則此章"字"上疑當有"強"字。"強字之曰道，"與下句"強名之曰大，"文義正同也。夫道不可道，以其體本不可思議（嚴復說）；其大本不可名。以其大亦本不可思議也。然卒"字之曰道""名之曰大"者，強為之辭而已。卽所謂"寂兮寥兮，獨立而不改，周行而不殆，"云云者，亦強為之形容焉而已矣。故第十五章云：

古之善為上者，微妙玄通，深不可識。夫唯不可識，故強為之容。

此言善為道之人，亦止可以強為之容，則道之為強容可知。

以上所引皆論宇宙之本體者也。至其論宇宙之組織，亦有可述者。第十四章云：

視之不見名曰夷；聽之不聞名曰希；搏之不得名曰微；此三者不可致詰，故混而為一，其上不皦，其下不昧，繩繩不可名，復歸於無物；是謂無狀之狀，無物之象，是謂惚恍；迎之而不見其首，隨之而不其後。

此所謂"夷""希""微"，蓋如二千年前希臘之科學家所謂原子，（至十九世紀之英人多爾頓氏尚復主張之），或近人所發明之電子相同。是物也。視而不可見，然而所以傳見者是物也；聽而不可聞，然而所以傳聞者是物也；搏而不可得，然而所以成物者，是物也。就目謂之夷，耳謂之希，手謂之微，名雖不同，其為原子或電子一也。故曰"此三者不可致詰，故混而為一"也。今科學家謂一喱重之金可碾成七十五吋見方之金箔，其厚薄為 $\frac{1}{367,000}$ 三十六萬七千分之一吋；胰液上所吹出之氣泡，用光學或電學之方法，其所得厚薄為 $\frac{1}{3,000,000}$ 三百萬分之一吋以下；甚者或能得五千萬分之一吋厚之油層；此外一喱重之靛青，能染清水一噸而有餘，故此中必有數千百兆分子方足支配；一喱之麝香，能使全室生香至數年之久；則此等分子之小，直不可思議，故曰："繩繩不可名，復歸於無物；是謂無狀之狀，無物之象也。"盈大宇之間，皆此等分子也，唯隨性質與溫度之不同，化分化合，而為氣液固三體之殊耳。第二十一章云：

孔德之容，惟道是從。道之為物，惟恍惟惚；惚兮恍兮，其中有象；恍兮惚兮，其中有物；窈兮冥兮，其中有精；其精甚真；其中有信：自古及今，其名不去，以閱眾甫。吾何以知眾甫之然哉？以此。

（"然"各本作"狀"，今從《閔本》作"然"。）

此所謂恍惚窈冥，有象有物有精者，卽指原子電子分子之類也。散則為分子而不能見，故曰"恍惚窈冥"；結則為液體、固體而可見可搏，故曰"甚眞甚信，"謂可信驗也。此等物體可以使之散而不見，不可使之滅而不存；故曰"自古及今，其名不去，"謂分子不滅也。此等分子之散去，仍在大宇之間，而又為一切物質之原所在也。吾何以知其為物質之原所在乎？以物質本不生不滅，宇宙之本體如此，道之本體亦本如此也。故曰："以閱衆甫。吾何以知衆甫之然哉？以此"也。此"衆甫"，莊子《天地》篇謂之"衆父"。此物質之原所自出之道，卽莊子《天地》篇所謂"衆父父"也。

既為衆父父，則為一切萬物所自出，是可名為有；然而分之可至於無窮之微，成為"無狀之狀，無物之象"，故名為無。無不終無，有不終有，就其為有為無之間而言之，則名之曰道。故第四十章云：

天下萬物生於有，有生於無。

四十二章云：

道生一，一生二，二生三，三生萬物。

此一言萬物生於無，一言萬物生於道；故或別道與無為二，而譏其義之歧出；或合道與無為一，而譏其名之混用；而不知其所謂萬物所從生者，乃此"無狀之狀，無物之象，"就其無狀無物言之，則謂之無，就其有可狀有可象之情言之，則謂之道；就其已成狀已成象之物言之，則謂之有；故可謂有出於無，亦可謂有生於道，而道與無之義，則終有別也。

復次，"無"之本字，篆文作𣳍，《說文亡部》，"𣳍，亡也，從亡，𣶒聲。"《林部》，"𣶒，豐也，從林，𡗉，從大，卌；卌，數之積也，林者木之多也；𣶒與庶同意。"《亡部》，"亡逃也，從入𠃊。"

《乚部》，"乚，匿也，讀若隱。"然則推"無"字之本義，原非與有為絕對之義，如後人以為零者也；道隱而未形，故謂之無耳。故《老子》第二章以有無與難易長短高下前後等竝言。夫短非終短，與長相較則為短；下非終下，與高相比則為下耳。然則無非終無，與有相形則為無耳。此《老子》哲學上之有無，所由與通俗之有無異義也。

然則宇宙之生物為有意志者乎？抑無意志者乎？此在老子時代，多數思想，固以為有意志。唯老子則不然，以為宇宙生物，絕無意志者也。故第五章云：

天地不仁，以萬物為芻狗。

王弼釋之云：

天地任自然，無為無造，萬物自相治理，故不仁也。仁者必造立施化，有恩有為。造立施化，則物失其真；有恩有為，則物不具存。物不具存，則物不具載矣。地不為獸生芻，而獸食芻；不為人生狗，而人食狗；無為於萬物，而萬物各適其用，則莫不贍矣。

王氏釋芻狗四句，嚴復甚歡賞之，以謂括盡達爾文心裡。其實王氏之意則甚是，而釋"芻狗"則甚非。《莊子·天運》篇云：

夫芻狗之未陳也，盛以篋衍，巾以文繡，尸祝齋戒以將之；及其已陳也，行者踐其首脊，蘇者取而爨之。

然則芻狗蓋新陳代謝之物，猶草木之花，春開秋落，當榮而榮，及謝而謝；來春復茂，已非今日之花；而天地本無恩無為於其間，此所以謂天地不仁也。此天地即指宇宙而言，亦即所謂道也。第三十四章云：

大道氾兮其可左右，萬物恃之而生而不辭，功成不名有，衣養萬物而不為主；常無欲，可名於小，萬物歸焉而不為主，可名為大；

以其終不自大故能成其大。

此其發揮宇宙生物無意志更為明顯矣。

至其論生物之起源，則第六章云：

谷神不死，是謂玄牝。玄牝之門，是謂天地根，緜緜若存，用之不勤。

《列子·天瑞》篇云：

有生不生，有化不化。不生者能生生，不化者能化化。生者不能不生，化者不能不化。故常生，常化。常生常化者，無時不生，無時不化，陰陽爾，四時爾。不生者疑獨，不化者往復。往復其際不可終，疑獨其道不可窮。黃帝書曰：「谷神不死，是謂玄牝。玄牝之間，是謂天地根，緜緜若存，用之不勤。」故生物者不生，化物者不化。自生，自化，自形，自色，自智，自力，自消，自息。謂之生化形色智力消息者，非也。

《列子》書引「谷神不死」數語，以為黃帝語。《列子》本偽書，或以為偽《列子》者竊老子之言，託為黃帝以見古；或謂偽《列子》時，古書尚存，別有所本，老子述而不作，當亦述黃帝之語。余以時代論之，此等理想，恐非黃帝時代之所能及也。《列子》所謂「不生者能生生，不化者能化化，」即老子之「谷神不死；」以其能生生，故云不死，而終非自生，故不得直謂之生。

（二）政治學說。老子之政治說，可分建設及破壞二種。略述如下：

（甲）建設方面。老子學說，對於建設方面，極主張自由平等；蓋本於其宇宙之觀念也。老子之於宇宙，既以為無意志，無意志者，無恩無為也，故對於政府，亦主張無恩無為。第五章云：

天地不仁，以萬物為芻狗；聖人不仁，以百姓為芻狗。

此明謂聖人為政，亦當如天地之無恩無為也。老子書中言此類者甚衆。第十章云：

載營魄抱一，能無離乎？專氣致柔，能嬰兒乎？滌除玄覽，能無疵乎？愛民治國，能無知乎？天門開闔，能無雌乎？明白四達，能無為乎？生之畜之，生而不有，為而不恃，長而不宰，是謂玄德。

此則以愛民治國，當如天地生物之自然，而不當有一毫私意存於間，與專制政體之專以恩威誘懾人民者，異矣。故嚴復云：

夫黃老之道，民主之國之所用也。故能長而不宰，無為而無不為。君主之國，未有能用黃老者也。漢之黃老，貌襲而取之耳。

既純任自然，無所好惡，則平等之至矣。正如天地生物，巨細萬殊，堅脆匪一，在人或妄生貴賤，自定妍媸；而在天地視之，豈有異哉？第五十六章云：

知者不言，言者不知；塞其兌，閉其門；挫其銳，解其分；和其光，同其塵；是謂玄同。故不可得而親，不可得而疏，不可得而利，不可得而害，不可得而貴，不可得而賤，故為天下貴。

此則極力發揮平等之旨者也。由是賢愚不肖，亦一切以平等對待。第二十章云：

絕學無憂，唯之與阿，相去幾何？善之與惡，相去何若？

此以善惡賢愚，泯然齊觀矣。是故有不尚賢之論。蓋以當時崇尚榮名之流敝，一切法律，均為虛聲所奪。《呂氏春秋‧去私》篇云：

腹䵍為墨子鉅子，居秦，其子殺人。秦惠王曰："先生之年長矣，非有他子也。寡人已令吏弗誅矣。先生之以此聽寡人也。"腹䵍對曰：墨者之法，殺人者死，傷人者刑，此所以禁傷人也。夫禁傷人者天下之大義也。王雖為之賜，而今吏弗誅；腹䵍不可不行墨子之法。不許惠王，而遂殺之。

於此文可見二事：一，殺人之罪可為賢者而獨免；二，"墨者之法，殺人者死，傷人者刑，"賢者居然可以立法操刑人殺人之權。則當時尚賢之風，可知。老子雖稍前於墨子，其時風氣亦已開戰國之先，相去當亦不遠。則當時尚賢之弊，可想而見。老子之不尚賢，昌言絕學，蓋或亦以此。其所謂絕學非真愚民政策也。謂不能以名聲學問而加賞，賞當程於功業；不能以名聲學問而免罰，罰當科於罪惡。在老子則為道德平等之談，至韓非則變而為法律平等之旨矣。於此等處，足見老子之真也。第六十五章云：

古之善為道者非以明民，將以愚之。民之難治，以其智多。故以智治國，國之賊；不以智治國，國之福。知此兩者亦稽式。常知稽式，是謂玄德。玄德深矣，遠矣，與物反矣，然後乃至大順。

此章世之說者，皆以為老子愚民之證據，唯嚴復章、炳麟之解則獨異。嚴復云：

老之為術，至如此數章，可謂吐露無餘者矣。其所為若與物反，而其實以至大順。而世之讀《老》者，尚以愚民訾老子，真癡人前不得說夢也。

章炳麟云：

愚之，何道哉？以其明之，所以愚之。今是駔儈則欺罔人，然不敢欺罔其同類，交知其術也，故耿介甚。以是知去民之詐，在使民戶知詐，故曰："以智治國，國之賊；不以智治國，國之福。知此兩者亦稽式。"謂人有發姦擿伏之具矣。"粵無鎛，燕無函，秦無盧，胡無弓車；"夫人而能之，則工巧廢矣。"常知稽式，是謂玄德。玄德深遠，而與物反。"伊尹、太公、管仲，雖知道，其盜道也。得道之情以網捕者，莫如老聃。故老聃反於王伯之輔。

嚴氏雖不以愚民譏老子，然其解說頗含渾。章氏謂明之所以愚之，其說雖新，頗近迂曲。吾以謂老子此章之言愚之，謂不當以仁賢明於天下以道為市也。為治而必欲人知吾之所仁所賢，是明之也。不欲人之知，是愚之也。"民之難治，以其智多，"智多者利害計較之心甚多也。故治國者若復以此為治，則是以水救水，以火救火矣。此"豈天地不仁，以萬物為芻狗；聖人不仁，以百姓為芻狗"之恉乎？故曰："以智治國，國之賊；不以智治國，國之福。"夫"善為道者，生而不有，為而不恃，長而不宰，"夫將何以明民乎？質而言之，老子之於學，於智，於仁，於賢，非真去之絕之也；不以此自矜，不以此明民而已。第三十八章云：

上德不德，是以有德；下德不失德，是以無德。

準此而言，亦可以云上學不學，上智不智，上仁不仁，上賢不賢矣。

總此數義，可見老子之於政治，因時代環境，當時雖不能有總統制委員制之說，然其以政府治國愛民，本其天職，不得自以為恩愛，亦不得以恩愛市人心；凡人民之受治者，亦當等視齊觀，不得以賢愚學否而有所輕重；其崇尚平等自由，可以概見；而當時之禮制，則適與此反；故老子大為掊擊之。

（乙）破壞方面。周代禮制，集夏殷之大成。當其盛時，固可以致純太平之治。然事久則不能無敝，故及其敝也，智詐姦巧之害生焉。老子因環境之壓迫，遂極力掊擊之。在《春秋》時代，若老子者，殆可謂為禮制革命之新偉人矣。第三十八章云：

故失道而後德，失德而後仁，失仁而後義，失義而後禮。夫禮者，忠信之薄而亂之首也；前識者道之華而愚之始也。是以大丈夫處其厚不居其薄，處其實不居其華，故去彼取此。

此掊擊舊禮制之說也。由是對於當時一切法制，亦多所非議。第五十七章云：

天下多忌諱，而民彌貧。

法令滋彰，盜賊多有。

第七十四章云：

民不畏死，奈何以懼之？若使民常畏死，而為奇者吾得執而殺之，孰敢？

嚴復釋之云：

然而天下尚有為奇者，則可知其不畏死。

此掊擊當時嚴刑峻罰之說也。第三十章云：

以道佐人主者，不以兵強天下。其事好還，師之所處，荊棘生焉；大軍之後，必有凶年。

第三十一章云：

夫佳（原作佳據王念孫校改）兵者不祥之器，物或惡之，故有道者不處。

第四十六章云：

天下有道，卻走馬以糞；天下無道，戎馬生於郊。禍莫大於不知足，咎莫大於欲得，故知足之足常足矣。

此掊擊當時之武力侵略者也。第七十七章云：

天之道，其猶張弓與？高者抑之，下者舉之；有餘者損之，不足者補之。天之道，損有餘而補不足；人之道，損不足以奉有餘。孰能損有餘以奉天下？惟有道者。

此掊擊當時貧富階級者也。蓋周代井田制度，至是已漸壞，已有豪彊兼并之風，故孔子亦曰：「不患寡，而患不均」也。質而言之，老子對於當時之政治，絕對抱革命主義。第七十五章云：

民之饑，以其上食稅之多，是以饑；民之難治，以其上之有為，是以難治；民之輕死；以其求生之厚，是以輕死。

此以民之窮而走險，皆當時政府驅之然者也。第五十三章云：

朝甚除，田甚蕪，倉甚虛，服文綵，帶利劍，厭飲食，財貨有餘，是謂盜夸。

"盜夸"當從《韓非子》作"盜竽"。（詳見下篇韓非子之老學）蓋明以當時政府為盜賊之先導，不啻一短篇革命之宣言矣。

（三）教育學說。老子學說除散見各家所引者外，其書約五千餘言，誼指甚博，而文字甚簡；其對於教育學說，誠語焉而不詳；然既知老子政治學說之如何，則其教育所欲造成人材，亦可得而知。質而言之，則平等自由，不以學自高於人，故曰："學不學，復衆人之所過也。"（六十四章）顧或謂老子明言"處無為之事，行不言之教，"（二章）焉有教育之可言？而不知此極言自然之教而已，而不學之待教，老子亦嘗明言之。第二十七章云：

是以聖人常善救人，故無棄人；常善救物，故無棄物。

故善人者不善人之師；不善人者善人之資。

第四十九章云：

善者吾善之，不善者吾亦善之，德善；信者吾信之，不信者吾信之，德信。

第六十二章云：

人之不善，何棄之有？

此均可以見老子對於教育，各因其性以造就，故天下無棄人也。嚴復釋第二十七章聖人常善救人四句云：

管夷吾得此，故能下令如流水之源，又能因禍以為福。

然則老子之於政治，可謂無為而無不為，其於教育，亦可謂無教而無不教也。

其對個人之訓練，固似頗主柔弱。第七十六章云：

人之生也柔弱，其死也堅強；萬物草木之生也柔脆，其死也枯槁。故堅強者死之徒；柔弱者生之徒。

第七十八章云：

天下莫柔弱於水，而攻堅者莫之能先。以其無以易之。弱之勝強，柔之勝剛，天下莫不知，莫能行。

是尚柔弱之證也。然有時亦不去剛強。第三十三章云：

知人者智；自知者明；勝人力者有力；自勝自強；知足者富；強行者有志。

是老子非不言剛強矣。要而論之，老子之教，非不用剛強；唯以不爭為本。剛強者，易與人爭，故內剛強而外柔弱。內剛強所以自存，外柔弱所以息爭端。第二十八章云：

知其雄，守其雌，為天下谿；為天下谿，常德不離，復歸於嬰兒。

蓋雄而曰知，雌而曰守，則非專用雌而去雄者可知。其治國如此，其教人之道亦莫不如此矣。

（四）人生學說。老子之人生哲學，其最易知者如“知足”“知止”“去私”“絕學”等。

非以其無私邪？故能成其私。（七章）

絕學無憂。（二十章）

知足不辱；知止不殆。（四十四章）

皆因當時之環境而發生之反響者也。然老子亦非絕對無欲無學者也。第四十一章云：

上士聞道，勤而行之；中士聞道，若存若亡；下士聞道，大笑之，不笑不足以為道。故建言有之：明道若昧；進道若退；夷道若纇；上德若谷；大白若辱；廣德若不足；建德若偷；質眞若渝；大方無隅；大器晚成；大音希聲；大象無形；道隱無名。夫唯道，善貸且成。

然則老子固常"明道""進道"矣。惟"若昧""若退，"而不自以為"明"且"進"而已。由是一切均處於反面。第二十二章云：

曲則全，枉則直；窪則盈，敝則新；少則得，多則惑。是以聖人抱一為天下式。不自見，故明；不自是，故彰；不自伐，故有功；不自矜，故長。

然則老子之學，非"不全""不直""不盈""不新""不得"也；亦非"不明""不彰""不功""不長"也；唯從反面作工夫耳。第二十章云：

衆人熙熙，如享太牢，如登春臺；我獨泊兮其未兆，如嬰兒之未孩，儽儽兮若無所歸。衆人皆有餘；而我獨若遺，我獨愚人之心也哉，沌沌兮。俗人昭昭；我獨昏昏。俗人察察；我獨悶悶，澹兮其若海，飂若無止。衆人皆有以；而我獨頑似鄙。

此章之"如"字、"若"字、"似"字，最當注意。蓋曰"如"曰"若"曰"似"則非真實如此矣。然則衆人之昭昭，正以其昏昏也；我之昏昏，正以我之昭昭也。俗人之察察，正以其悶悶也；我之悶悶，正以我之昭昭也。昔孔子稱顏淵"如愚，"老子之學，雖與顏淵不同，而"如愚"二字，實可以概括老子之學，故其言曰："大智若愚也。"

其對於死生問題，亦從反面着想。蓋有生則必有死，無可或免者，若求不死，則當不自生。第七章云：

天長地久。天地之所以能長且久者，以其不自生，故能長生。是以聖人後其身而身先，外其身而身存。

誠以不自生則且非一己之所私；吾身萬化而未始有窮，則吾生亦萬變而未始有盡，此常生之說也。第三十三章云：

死而不亡者壽。

嚴復釋之云：

苟知死而有不亡者，則夭壽一耳。故曰："朝聞道，夕死可矣。"甚矣，不可不識不可不求此死而不亡者也。

嚴氏謂"死而不亡，則壽夭一，"是也。其謂不可不求，則非也。老子之意，蓋謂萬物之生，其在於一身者雖異；倘此身毀壞，而其所以生者，仍歸於宇宙而為生生之本；此即谷神不死，綿綿若存之物也。然則就一身而言，雖有生死；離一身而言，孰從而生死之邪？夫人生之所以戚戚不安者，莫如生死；誠使生死問題，已從根本解決，則一切榮辱得喪，均不足以擾吾心矣。第十三章云：

寵辱若驚，貴大患若身。何謂寵辱若驚？寵為上，辱為下，得之若驚，失之若驚，是以寵辱若驚。何謂貴大患若身？吾所以有大患者，為吾有身；及吾無身，吾又何患？

（王弼本作何謂寵辱若驚，寵為下；宋刊河上本作何謂寵辱，寵為下；俞樾云：陳景元、李道純本均作何謂寵辱若驚，寵為上，辱為下。可據以訂正諸本之誤。柱按：俞說是也。今據正。）

然則身尚非我有，身外榮辱，寧足論乎？則老子之人生觀，可以知其大略矣。

（五）結論。質而言之，老子之學，實本於無。故於宇宙為無名；於政治為無為，於人生為無生。一切均不外乎無。第十一章云：

三十輻共一轂，當其無，有車之用；挺埴以為器，當其無，有器之用；鑿戶牖以為室，當其無，有室之用。故有之以為利，無之以為用。

宋儒王安石駁之云：

道有本有末。本者萬物之所以生也。末者萬物之所以成也。本者出之自然，故不假乎人之力，而萬物以生者也。末者，涉乎形器，故待人力而後萬物以成也。夫其不假人之力而萬物以生，則是聖人可以無言也，無為也。至乎有待於人力而萬物以成，則是聖人不能無言也，無為也。故昔聖人之在上，而以萬物為己任者，必制四術焉。四術者，禮樂刑政是也，所以成萬物者也。故聖人唯務修其成萬物者，不言其生萬物者。蓋生者尸之於自然，非人力之所得與矣。老子獨不然，以為涉乎形器者皆不足言也，不足為也。故抵去禮樂刑政，而唯道之稱焉。是不察於理而務高之過矣。夫道之自然者，又何預乎？唯其涉乎形器，是以必待於人之言也，人之為也。其書曰：「三十輻共一轂，當其無，有車之用。」夫轂輻之用，固在於車之無用。然工之琢削，未嘗及於無者，蓋無出於自然之力，可以無與也。今之治車者，知治其轂輻，而未嘗及於無也；然而車以成者，蓋轂輻具，則無必為用矣。如其知無為用，而不治轂輻，則車之為術固已疎矣。今知無之為車用，無之為天下用，然不知所以為用也。故無之所以為用者，以有轂輻也；無之所以為天下用者，以有禮樂刑政也。如其廢轂輻於車，廢禮樂刑政於天下，而坐求其無之為用也，則亦近於愚矣。

王氏此說，誠可謂至當。然老子亦非不見及此也。故於“有之以為利”之下，繼之曰：“無之以為用。”呂惠卿釋之云：

有有之為利，而無無之為用，則所謂利者亦廢而不用矣。有無之為用，而無有之為利，則所謂用者，亦害而不利矣。

此解可謂得之。則老子蓋未嘗去有。特以當時之人，皆從事“於有之為利，”而忘夫“無之為用，”故為矯枉過正之談耳。

莊子之老學

莊子與老子之學術，其同異如何乎？以莊子稱述老子之多，（見上《老子別傳》）則其出於老子無疑也。然《莊子·天下》篇云：

以本為精，以物為粗，以有積為不足，澹然獨與神明居，古之道術，有在於是者，關尹、老聃聞其風而悅之，建之以常無有，主之以太一，以濡弱謙下為表，以空虛不毀萬物為實。關尹曰："在己無居，形物自著。其動若水，其靜若鏡，其應若響。芴乎若亡，寂乎若清。同焉者和，得焉者失。未嘗先人，而常隨人。"老聃曰："知其雄，守其雌，為天下谿；知其白，守其辱，為天下谷。"人皆取先，己獨取後。曰："受天下之垢。"人皆取實，己獨取虛，无藏也故有餘，歸然而有餘。其行身也徐而不費，无為也而笑巧。人皆求福，己獨曲全，曰："苟免於咎。以深為根，以約為紀，曰："堅則毀矣，銳則挫矣。"常寬容於物，不削於人，可謂至極。關尹老聃乎？古之博大真人哉！"

芴漠无形，變化无常，死與？生與？天地並與？神明往與？芒乎何之？忽乎何適？萬物畢羅，莫足以歸。古之道術，有在於是者，莊周聞其風而悅之，以謬悠之說，荒唐之言，无端崖之辭，時恣縱而不儻，不以觭見之也。以天下為沈濁不可與莊語，以卮言為曼衍，以重言為真，以寓言為廣。獨與天地精神往來，而不敖倪於萬物；不譴是非，以與世俗處。其書雖環瑋，而連犿無傷也；其辭雖參差，而諔詭可觀。彼其充實不可以已。上與造物者游，而下與无始終者為友。其於本也宏大而辟，深閎而肆；期於宗也，可謂稠適而上遂矣。雖然，其應於化而解於物也，其理不竭，其來不蛻，芒乎！昧乎！未之盡者！

《天下》篇或以為莊子自作，或以為非也，今莫能定其然否。然恐非莊或深知莊子者，不能道也。然此明以老子別其敘述，則自與老子異也。其敘述老子止言虛靜无為，等等而已。而敘莊子則曰："死與？生與？天地竝與？神明往與？"又曰："與天地精神往來，而不敖倪於萬物；不譴是非，與世俗處。"又曰："上與造物者游，而下與外死生无終始者為友。"則其學比老子為宏大矣。豈僅學老子者而已哉？

世之論者，嘗以老子之後有莊子，猶孔子之後有孟子，蓋頗近之。然吾以謂孟子之於孔子，不過發揮仁義之說，似為透徹而已，於孔子之思想，無以遠過。莊子則不然，其發揮老子之說，精闢處固多遠勝於孟子之於孔子，而其卓越於老子者，則非孟子所能望也。"青出於藍而青於藍，冰出於水而寒於水，"莊子之謂與？

今莊子三十三篇，雖不盡為莊子之文；然意旨無大相乖戾者，要為莊子學者一家之言，合而觀之。皆可見莊子之學術也。韓非子有《解老》《喻老》之篇，莊子則無此類之文，然其說多推演老子，實章章明甚。其書關係老學亦甚重要，今分別論之。

（一）多存老子之遺行遺言。

老之行事，惟《史記·老莊申韓列傳》為最古，而頗憾其太簡。其言則五千言以外，散見他書者亦多假託。唯見於莊子書者，則行事較詳，而言較相近。誠治老子學者最不可少之書也。其說已見前篇《老子別傳》，茲不贅述。

（二）本傳說以闡明老子之恉，如《庚桑楚》篇云：

老聃之役，有庚桑楚者，偏得老聃之道，以北居畏壘之山，其臣之畫然知者去之，其妾之挈然仁者遠之，擁腫之與居，鞅掌之為使；居三年，畏壘大壤。畏壘之民，相與言曰："庚桑子之始來，吾洒然異之，今吾日計之而不足，歲計之而有餘，庶幾其聖人乎？子胡不相與尸而祝之，社而稷之乎？"庚桑子聞之，南面而不釋然。弟子異之，庚桑子曰："弟子何異於予？夫春氣發而百草生，正得秋而萬寶成。夫春與秋，豈无得而然哉？天道已行矣。吾聞至人尸居環堵之室，而百姓猖狂不知所如往。今以畏壘之細民，而竊竊焉欲俎豆予於賢人之間，我其杓之人邪？吾是以不釋於老聃之言。"弟子曰："不然，夫尋常之溝，巨魚无所還其體，而鯢鰍為之制；步仞之丘陵，巨獸无所隱其軀，而孽狐為之祥。且夫，尊賢授能，先善與利，自古堯舜已然，而況畏壘之民乎？夫子亦聽矣。"庚桑子曰："小子來！夫函車之獸，介而離山，則不免於罔罟之患；吞舟之魚，碭而失水，則蟻能苦之。故鳥獸不厭高；魚鼈不厭深。夫全其形生之人，藏其身也，不厭深眇而已矣。且夫二子又何足以稱揚哉？是其於辯也，將妄鑿垣牆，而殖蓬蒿也。簡髮而櫛，數米而炊，竊竊乎又何足以濟世哉？舉賢則民相軋，任知則民相盜。之數物者，不足以厚民，民之於利甚勤，子有殺父，臣有殺君，正晝為盜，日中穴阫。"吾語汝："大亂之本，必生於堯、舜之間；其末存乎千世之後；千世之後，其必有人與人相食者也。"

此文"春氣發而百草生"數語，即發明老子"天地不仁"之恉者也。庚桑子聞人欲尸祝社稷而不釋然。即發明老子"非以明民將以愚之"之恉者也。"舉賢則民相軋"數語，即發明老子"不尚賢"者也。

（三）以寓言闡明老子之恉，如《知北游》篇云：

知北游於玄水之上，登隱弅之丘，而適遭無為謂焉。知謂无為謂曰："予欲有問乎若，何思何慮則知道？何處何服則安道？何從何道則得道？"三問而無為謂不能答也。非不答，不知答也。知不得問，反於白水之南，登孤闋之上，而睹狂屈焉。知以之言也，問乎狂屈。狂屈曰："唉！予知之，將語若。"中欲言而忘其所欲言。知不得問，反於帝宮，見黃帝而問焉，黃帝曰："無思無慮始知道，無處無服始安道，無徒無道始得道。"知問黃帝曰："我與若知之，彼與彼不知也，其孰是邪？"黃帝曰："彼無為謂，真是也；狂屈似之；我與汝，終不近也。夫知者不言，言者不知；故聖人行不言之教。道不可致，德不可至，仁可為也，義可虧也。"故曰："失道而後德，失德而後仁，失仁而後義，失義而後禮；禮者道之華，而亂之首也。"故曰："為道者日損，損之又損之，以至於無為，無為而無不為也。今已為物也，欲復歸根，不亦難乎？其易也，其唯大人乎？生也死之徒，死也生之始，孰知其紀？人之生，氣之聚也；聚則為生，散則為死；若生死為徒，吾又何患？故萬物一也。是其所美者為神奇，所惡者為腐臭。"故曰："通天下一氣耳。故聖人貴一。"知問黃帝曰："吾問無為謂不應我，非不我應，不知應我也；吾問狂屈，狂屈中欲告我而不我告，非不我告，中欲告而忘之也；今予問乎若，若知之，奚故不近？"黃帝曰："彼其真是也，以其不知也；此其似之也，以其忘之也；予與若，終不近也，以其知之也。狂屈聞之，以黃帝為知言。"

此以寓言釋老子"知者不言"之恉，而旁及"失道後德，""為道日損"之言者也。其言生死為徒，則釋明老子及"吾無身吾又何患"之恉，而"生也死之徒死也生之始，"則又卓出老子"無生"

之上者矣。

（四）藉問難以明老子之恉者，如《外物》篇云：

惠子謂莊子曰："子言無用。"莊子曰："知無用，而始可與言用矣。夫地非不廣且大也，人之所欲容足耳。然則廁足而墊之致黃泉，人尚有用乎？"惠子曰："无用。"莊子曰："然則无用之為用也亦明矣。"

此即釋老子所謂"有之以為利，無之以為用"之恉者也。

（五）譔專論以闡明老子之恉，如《胠篋》等篇是也。文長不具錄，茲節錄一段以示例：

夫川竭而谷虛，丘夷而淵實，聖人已死，則大盜不起，天下平而无故矣。聖人不死，大盜不止，雖重聖人而治天下，則是重利盜跖也。為之斗斛以量之，則並與斗斛而竊之；為之權衡以稱之，則並與權衡而竊之；為之符璽以信之，則並與符璽而竊之；為之仁義以矯之，則並與仁義而竊之。何以知其然邪？彼竊鉤者誅，竊國者為諸侯；諸侯之門而仁義存焉；則是非竊仁聖知邪？故逐於大盜，揭諸侯，竊仁義，並斗斛權衡符璽之利者，雖有軒冕之賞弗能勸，斧鉞之威弗能禁。此重利盜跖而使不可禁者，是乃聖人之過也。故曰："魚不可脫於淵，國之利器不可示人。"彼聖人者，天下之利器也，非所以明天下也。

此闡明老子"絕聖棄知"之恉者也。然則莊子解老之文體可略見矣。若其學說與老子之比較，亦有可得言者，今再分別論之。

（一）宇宙學說。老子之於宇宙，止言其為不可名狀，超出於對待而已。尚無切實具體之觀念。莊子則不然，既甚有具體觀念，而又甚為懷疑。其《天運》篇云：

天其運乎？地其處乎？日月其爭於所乎？孰主張是？孰維綱是？

孰居無事推而行是？意者其有機緘而不得已邪？意者其轉運而不能
自止邪？雲者為雨乎？雨者為雲乎？孰隆施是？孰居無事淫樂而勸
是？風起北方，一西一東，有上彷徨，孰噓吸是？孰居無事而披
拂是？

此可見其對於宇宙懷疑之態度，而其對於宇宙之觀念，比老子
為真實，亦略可概見矣。其對於宇宙之解釋，則《庚桑楚》篇言之
頗明。其言云：

有實而無乎處者宇也，有長而無本剽者宙也。有乎生，有乎死，
有乎出，有乎入，入出而無見其形，是為天門。天門者，無有也。
萬物出乎無有。有不能以有為有，必出乎無有。而無則一無有。

此析而言之，以空間釋宇，以時間釋宙。渾而言之，則宇宙無
大小，無始終者也。郭象釋“有不能以有為有”云：

夫有之未生，以何為生乎？故必自由耳，豈有之所能有乎？

其釋“必出乎無有”云：

此所以明有之不能為有，而自有耳。非謂無能為有也。若無能
為有，何謂無乎？

成玄英疏郭氏此注云：

夫已生未生，二俱無有。此有之出乎無有，非謂此無能生有。
若無能生有，何謂無乎？

此以佛理釋莊子，然非莊子本恉也。莊子之恉，蓋即老子“天
下萬物生於有，有生無”之說，所謂“入出而無見其形，”即老子
所謂“無狀之狀無物之象。”故莊子之所謂“無有”即老子之所謂
“無”也。

其於宇宙生物，亦本於老子，以為無意志。《天道》篇云：

吾師乎！吾師乎！鼇萬物而不為庚；澤及萬世而不為仁！長於

上古而不為壽！覆載天地，刻雕衆形，而不為巧！此之謂天樂。

《大宗師》篇亦有此語，託為許由之言，蓋寓言類也。此亦老子"天地不仁"之說也。至其論生物之起源，亦本於老子而加詳。《天地》篇云：

> 泰初有無無，有無名。一之所起，有一而未形。物得之以生，謂之德。未形者有分，且然無間謂之命。留動而生物，物成生理謂之形。形體保神，各有儀則，謂之性。

成玄英疏"留動"二句云：

> 留靜也，陽動陰靜，氤氳升降，分布三才，化生萬物，物得成就，生理具足，謂之形也。

此以天地陰陽二氣，自然化生萬物，而各有其儀則者也。萬物自然化生，而其種類所以不齊，則又因乎天演進化之故。《至樂》篇云：

> 種有幾？得水則為䰄；得水土之際則為鼃蠙之衣；生於陵屯則為陵舄；陵舄鬱棲，則為烏足；烏足之根為蠐螬；其葉為胡蝶胥也；化而為蟲，生於竈下，其狀若脫，其名為鴝掇；鴝掇千日，為鳥，其名為乾餘骨，乾餘骨之沫為斯彌；斯彌為食醯；頤輅生乎食醯；黃軦生乎九猷；瞀芮生乎腐蠸；羊奚比乎不筍久竹，生青寧；青寧生程；程生馬；馬生人；人又反入於機；萬物皆出於機，皆反於機。

此段所言之物名，不能盡識。然大意謂生物之種甚多，得水則繼續變化；生水土之際者為鼃蠙之衣，生於丘陵為陵舄之草，各因水陸之殊而為植物也亦異。由是植物演進而為蟲，而為鳥；再經許多變化，而為馬，而為人；皆天演之自然者，其說頗有合於今日之物種由來論。皆本老子"天地不仁"及"道生一，一生二，二生三，三生萬物"。之說而推演之，而益加精詳者也。雖然，莊子之宇宙思想，雖比老子為加詳，然其對宇宙之本體；則甚多懷疑，如前所引《天運》篇語是也。故其結果，對於宇宙，嘗欲置之不議，《齊物》篇云：

> 六合之外，聖人存而不論。六合之內，聖人論而不議。

蓋亦因當時科學不明，儀器不精，無從測驗，徒憑理想，無益於學，故雖嘗論之而終欲廢之也。

（二）政治學說。莊子之政治學說，亦純本老子之自然，而主張絕對放任。茲舉例以明之。《應帝王》篇云：

> 天根游於殷陽，至蓼水之上，適遭無名人而問焉。曰："請問為天下？"無名人曰："去，汝鄙人也，何問之不豫也？予方將與造物者為人，厭則又乘夫莽眇之鳥，以出六極之外，而游无何有之鄉，以處壙埌之野，汝又何帛（崔本作為柱疑帛乃為字古文陽之譌）以治天下感予之心為？"又復問。無名人曰："汝游心於淡，合氣於漠，順物自然，而無容私焉，而天下治矣。"

此以游之放任，喻為治之當放任也。既主放任，故對於當時之禮制，亦極力掊擊。《馬蹄》篇云：

> 夫馬，陸居則食草飲水，喜則交頸相靡，怒則分背相踶，馬知已此矣。夫加之以衡扼，齊之以月題，而馬知介倪闉扼鷙曼詭銜竊轡。故馬之知而態至盜者，伯樂之罪也。夫赫胥氏之時，民居不知所為，行不知所之，含哺而熙，鼓腹而遊，民能以此矣。及至聖人，屈折禮樂，以匡天下之形；縣跂仁義，以慰天下之心；而民乃始踶跂好知，爭歸於利，不可止也。此亦聖人之過也。

蓋亦皆本於老子"絕學無憂""絕聖棄知"之說而加厲者也。

（三）人生學說。莊子之人生哲學，亦本於其宇宙觀念。蓋其視人之死生皆不過形體之變化，而為一氣之生，則未始有異。明乎此，

則世所謂死不過此形之毀壞，而所以為生則實未嘗死也。《大宗師》
篇云：

> 夫藏舟於壑，藏山於澤，謂之固矣。然而夜半有力者負之而走，
> 昧者不知也。藏小大有宜，猶有所遯。若夫藏天下於天下，而不得
> 其所遯，是恆物之大情也。特犯人之形，而猶喜之，若人之形者，
> 萬化而未嘗有極也，其為樂可勝計邪？故聖人將游於物之所不得遯
> 而皆存。

此以一氣之生，隨形而變；忽而為人則為人，忽而為馬則為馬。
今日為人而吾樂之；他日為馬，吾亦樂之。形萬化而未有窮，則樂
亦萬化而未有盡也。此理與輪迴之說大異。彼所謂生者為一物之靈
魂；此所謂生者，乃百生之一氣；彼所輪迴乃有意識之賞罰，而此
則為造化之自然。蓋絕相反也。且世人之所謂死者，以其身體之毀
壞耳，而以莊子視之，亦無所謂毀壞。《齊物論》篇云：

> 其分也，成也；其成也，毀也；萬物無成與毀，復通為一。

蓋人之身體，亦不過宇宙之元素所組成；在此以為成，在彼或
為毀；在此以為毀，在彼或為成。譬如陶者，以土為器，於器為成，
而於土則為毀矣；爨者以火燒薪，於薪則為毀，而於灰則為成矣。
故吾身毀於此，同時又未嘗不成於彼也。夫如是，更何生死成毀之
足云？而人之喜生惡死者皆惑矣。《齊物論》篇云：

> 吾惡乎知說生之非惑邪？予惡知惡死之非弱喪而不知歸者邪？
> 麗之姬，艾封人之子也。晉國之始得之也，涕泣沾襟；及其至於王
> 所，與王同匡牀，食芻豢，而後悔其泣也。予惡乎知夫死者之不悔
> 其始之蘄生乎？

此蓋謂今日為人，死而為他物，他物亦自有足樂。未至其時而
悲懼之者，皆非也。更有進者，《知北游》篇云：

生也死之徒，死也生之始。

蓋人之既生，則必由幼而壯，由壯而老，由老而死。是人之方生，已直向死路而走，故曰"生也死之徒。"然自達者觀之，生死不過神形之變化，毀於此者成於彼，死於彼者生於此。是至乎死者又為生始矣。故曰："死也生之始。"然則莊子自述，以謂獨與天地精神往來者，豈虛語哉？

（四）結論。莊子之老學，如以上所述，已可以略觀矣。質而論之，一切皆不能出老子之範圍。惟立說較為透切，至於宇宙觀念，推測天地日月之運行，則由老子之空泛而欲進於實體；生物起原進化之說，亦由老子之簡括而欲進於徵實。此則莊子之學能青出於藍者也，惜其時科學未進，故終欲不論不議，此可以見學術之進步，宜萬塗競發，互相因依，非可以一徑獨達也。至其人生哲學，以死生為一，方諸老子之"以不生為生""死而不亡為壽"者，益為放曠矣。

韓非子之老學

司馬遷《史記》以老子、莊子與申子、韓非子同傳，且其贊曰：

老子所貴道，虛無因應，變化於無為，故著書辭稱微妙難識。莊子散道德放論，要亦歸之自然。申子卑卑，施於名實；韓子引繩墨，切事情，明是非；其極慘礉少恩，皆原於道德之意，而老子深遠矣。

其後蘇軾作論，極力闢之。而或者多為老子冤。然今考韓非子有《解老》《喻老》二篇，則謂其學不出於老子不可得也。惟其與老子所以異同之故，則有當討論者耳。

《解老》與《喻老》之別，蓋前者主釋義，而後者多以古事為喻耳。此二篇為解《老子》最古之書，最可寶貴，其長有三：

一曰：文字與今本不同，可以訂正今本，如今本道德經五十三章云：

朝甚除，田甚蕪，倉甚虛，服文綵，帶利劍，厭飲食，貨財有餘，是謂道夸，非道也哉？

晉王弼釋之云：

凡物不以其道得之，則皆邪也。邪則盜也。夸而不以其道得之，竊位也。故舉非道以明非道，則皆盜夸也。

王弼解“夸”字殊多牽強，韓非子《解老》篇引《老子》文則“盜夸”作“盜竽。”其解云：

67

諸夫飾智故以至於傷國者，其私家必富；私家必富，故曰"資貨有餘。"國有若是者，則愚民不得無術而效之；效之則小盜生。由是觀之，大姦作則小盜隨，大姦唱則小盜和。竽也者，五聲之長者也。故竽先則鍾瑟皆隨，竽唱則諸樂皆和。今大姦作則俗之民唱，俗之民唱則小盜必和，故"服文采，帶利劍，厭飲食而資貨有餘者，是之謂盜竽"矣。

韓子"夸"作"竽"其解"盜竽"蓋遠勝於王弼之解"盜夸"矣。

二曰：古義與後人望文生訓者不同。如五十章云：

出生入死，生之徒十有三，死之徒十有三。人之生，動之死地，亦十有三。

王弼釋之云：

十有三，猶云十有三分，取其生道，全生之極，十分有三耳；取死之道，全死之極，亦十分有三耳。

而韓非子則釋之云：

人始於生而卒於死。始謂之出，卒謂之入，故曰："出入生死。"人之身三百六十節，四肢，九竅，其大具也，四肢與九竅十有三（各本三下有者據王先慎說刪）十有三者之動靜，盡屬於生焉。屬之謂徒也。故曰："生之徒也十有三"（舊三下有者字據盧文弨說刪），至其死也，十有三者，皆還而屬之於死，死之徒亦十有三，故曰："生之徒十有三，死之徒十有三。"凡民之生生而生者固動，動盡則損也，而動不止，是損而不止也。損而不止，則生盡，生盡之謂死，則十有三具者，皆為死地也。故曰："民之生生而動，動皆之死地亦十有三。"

此解"十有三"何等熨切。蓋人之生恃乎形體，形體之生長，恃乎動，由是而從幼得壯，從壯得老，從老得死，皆形體之動使然也。清人姚鼐以韓非之解"盜竽"為訛；近人胡適謂韓非之解"生之徒十有三"為極無道理；棄周鼎而寶康瓠，吾未見其明也。

三曰：佚文可補今本之闕，如《解老》篇云：

道譬諸水，溺者多飲之即死，渴飲之即生；譬之若劍戟，愚人以行忿則禍生，聖人以誅暴則福成。故曰："（原脫曰字據王先慎增）得之以死，得之以敗，得之以成。"

此文"得之以死"四句，王先慎云："老子各本無，蓋佚文也。"

其他勝義尚難更僕數。然則韓非本於老而卒與老之慈相反，獨以慘礉著者何邪？蘇軾所謂"求無有之說而不得，得其所以輕天下之說，故敢於殘忍而無疑"者，事固有之，而仍未能盡也。大氐學者之思想，一因乎天性，二因乎所學，三因乎環境。設有三人焉，初本同一師法也。及受環境潮流之所壓迫，則因其天性之殊，而思想學說遂異矣。其異也，亦不外三端，一曰反抗，二曰順應，三曰調和。三者不同，而欲以改進環境則一也。韓非之於老學，雖頗能得其精；然生於戰國之末，秦將征服六國之時，目睹國家之生存，全憑乎實力；而當時之君，除秦之外，皆多好為空談，無救危弱。觀韓非子《顯學》篇可以知其崖略矣。其言云：

今有人於此，義不入危城，不處軍旅，不以天下大利易其脛一毛，世主必從而禮之，貴其智而高其行，以為輕物重生之士也。夫上所陳良田大宅，設爵祿，所以易民死命也。今上尊貴輕物重生之士，而索民之出死而重殉上事，不可得也。藏書策，習談論，聚徒役，服文學，而議說，世主必從而禮之曰：敬賢士，先王之道也。夫吏之所稅，耕者也；而上之所養，學士也；耕者則重稅，學士則多賞；而索民之疾作而少言談，不可得也。立節參民，執操不侵，怨言過於耳，必隨之以劍，世主必從而禮之，以為自好之士。夫斬首之勞不賞，而家鬥之勇尊顯，而索民之疾戰距敵而無私鬥，不可得也。國平則養儒俠，難至則用介士；所養者非所用，所用者非所養，此所以亂也。且夫人主於聽學也，若是其言，宜布之官，而用其身；若非其言，宜去其身，而息其端。今以為是也，而弗布於官；以為非也，而不息其端。是而不用，非而不息，亂亡之道也。

觀此則韓非所處政治之環境，為尚虛文而忘實力者可知。而韓非欲逆其環境，而改造之，其意亦可見矣。且當其時攻伐之急逼，兵力之需要，亦於此可見；而韓非之欲適應其環境，從事實力，以求國家之生存，又可知矣。

韓非以尚實力而矯空文之故，於是不能不重賞罰。故其《難一》篇云：

且舜救敗，碁年已一過，三年已三過；舜壽有盡，天下過無已者；以有盡逐無已，所止者寡矣。賞罰使天下必行之，令曰：“中程者賞不中程者誅。令朝至暮變，暮至朝變，十日而海內畢矣。奚待碁年？”

蓋重賞罰，則成功速，而實力易充也。重賞罰則不能不明術數。故《六反》篇云：

今上下之接，無子父之澤，而欲以行義禁下，則交必有郄矣。且父母之於子也，產男則相賀；產女則殺之。此俱出自父母之懷衽，然男子受賀，女子殺者，慮其後便，計之長利也。故父母之於子，猶用計算之心，以相待也，而況無父子之澤乎？

此其重術數，蓋又目擊當時之環境使然矣。然則崇實力，重賞罰，明術數，三者蓋韓非學術之大端。今韓非書五十五篇，其言雖多，而大指不外乎是矣。是固環境使然，而亦不能不謂其導原於老，茲試略舉而論之。如老子三十八章云：

上德不德，是以有德。下德不失德，是以無德。上德無為而無
以為。下德為之而有以為。上仁為之而無以為。上義為之而有以為。
上禮為之而莫之應，則攘臂而扔之。故失道而後德，失德而後仁，
失仁而後義，失義而後禮。夫禮者忠信之薄，而亂之首；前識者，
道之華，而愚之始。是以大丈夫處其厚不處其薄，居其實不居其華，
故去彼取此。

而韓非《解老》篇釋之云：

凡德者以無為集，以無欲成，以不思安，以不用固。為之用之
則德無舍；德無舍則不全。用之思之則不固；不固則無功；無功則
生有德；德則無德；不德則有德。故曰：“上德不德，是以有德。”
所以貴無為無思為虛者，謂其意無所制也。夫無術者故以無為無思
為虛也。夫故以無為無思為虛者，其意常不忘虛，是制於為虛也。
虛者謂其意無所制也。今制於為虛，是不虛也。虛者之無為也，不
以無為為有常。不以無為則有常，則虛，虛則德盛。德盛謂之上德。
故曰：“上德無為而無不為也。”

仁者謂其中心欣然愛人也。其喜人之有福，而惡人之有禍也。
故曰：“上仁為之而無以為也。義者，君臣上下之事，父子貴賤之差
也；知交朋友之接也；親疏內外之分也。臣事君，宜；下懷上，宜；
子事父，宜；賤敬貴，宜；知交朋友之相助也，宜；親者內而疏者
外，宜。義者謂其宜也。宜而為之。”故曰：“上義為之而有以
為也。”

禮者，所以貌情也；羣義之文章也；君臣父子之交也；貴賤賢
不肖之所以別也。中心懷而不諭，故疾趨卑拜以明之；實心愛而不
知，故好言繁辭以信之。禮者外飾之所以諭內也。故禮以貌情也。

（故下各本有曰字據顧廣圻校刪）凡人之為外物動也，不知其為身之禮也。眾人之為禮也，以尊他人也，故時勤時衰。君子之為禮，以為其身。以為其身，故神之為上禮。上禮神而眾人貳，故不能相應。不能相應，故曰："上禮為之而莫之應。眾人雖貳，聖人之復恭敬盡手足之禮也不衰。"故曰："攘臂而扔之。"

道有積而德有功，德者功之功。功有賞而實有光，仁者德之光。光有澤而澤有事，義者仁之事也。事有禮而禮有文，禮者義之文也。故曰：失道而後失德，失德而後失仁，失仁而後失義，失義而後失禮。

禮為情貌者也。文為質飾者也。君子取情而去貌，好質而惡飾。夫恃貌而諭情者，其情惡也；須飾而論質者，其質衰也。何以諭之？和氏之璧，不飾以五采；隨侯之珠，不飾以銀黃；其質至美，物不足以飾之，夫物之待飾而後行者，其質不美也。是以父子之間，其禮樸而不明。故曰："禮薄也。凡物不並盛，陰陽是也；理想奪予，威德是也；實厚者貌薄，父子之禮是也。由是觀之，禮繁者實心衰也。然則為禮者事通人之樸心者也。眾人之為禮也，人應則輕勸，（原作歡據顧廣圻校改）不應則責怨。今為禮者事通人之樸心，而資之以相責之分，能毋爭乎？有爭則亂。"故曰："夫禮者忠信之薄，而亂之首乎。"

先物行，先理動，理之前識。前識者無緣而忘意度也。何以諭之？詹何坐，弟子侍，有牛鳴於門外。弟子曰："是黑牛也，而白在其題。"詹何曰："然，是黑牛也，而白在其角。"使人視之，果黑牛而以布裹其角。以詹子之術，嬰眾人之心，華焉殆矣。故曰："道之華也，嘗試釋詹子之察，而使五尺之愚童子視之，亦知其黑牛而以布裹其角也。故以詹子之察，苦心傷神，而後與五尺之愚童子同功。"是以曰:"愚之首也。"故曰:"前識者道之華也。"

所謂大丈夫者,謂其智之大也。所謂處其厚不處其薄者,行情實而去禮貌也。所謂處其實不處其華者,必緣理不徑絕也。所謂去彼取此者,去禮貌徑絕,(貌上禮字各本無據顧廣圻校增)而取緣理好情實也。故曰:"去彼取此。"

據《韓非子》此文則《老子》三十八章,《韓》本當作:

上德不德,是為有德。下德不失德,是以無德。上德無為而無不為也。下德為之而有以為也。(韓非子不釋此句據上句加也字)上仁為之而無以為也。上義為之而有以為也。上禮為之而莫之應,則攘臂而扔之。故失道而後失德,失德而後失仁,失仁而後失義,失義而後失禮,失禮者忠信之薄也,而亂之首乎?前識者,道之華也,而愚之首也。是以大丈夫處其厚不處其薄,處其實不處其華,故去彼取此。

此與今本《老子》大異者,惟"上德無為而無不為"及"失道而後失德,失德而後失仁,失仁而後失義,失義而後失禮"等句,今本作"上德無為而無以為""失道而後德,失德而後仁,失仁而後義,失禮而後禮。"其義恉蓋大異也。其解釋《老子》固甚為翔實,而以冠於一篇之首,亦可見韓非之重視此章矣。然韓非學老子之學,所以卒變而為刑名者,蓋亦可以於此章得其大體矣。蓋韓非唯以有德則無德,無德則有德,故不為老子之"上德無為"而專為其"上德之無不為"者也。故曰:"故以無為無思為虛者,其意常不忘虛,是制於為虛也。虛者謂其意無所制也。今制於為虛,是不虛矣。虛者之無為也,不以無為為有常。不以無為有常則虛。虛則德盛。"此固持之有故,言之成理。然其以不必虛為虛;故以不必無為為無為。是以一旦受環境壓迫,則隨其性之所近而趨於極端。於是以無不為而後可以無為矣。夫無不為斯所以不能不持極端之干涉主義矣。干涉之道莫要於賞罰，故不得不嚴刑重賞以為其干涉之方法；而其干涉之目的，則又在乎欲達其崇實力之宗旨，蓋又本於老子薄禮之說者。故其言以禮為情貌，文為質飾，大丈夫當行情實去禮貌；則一切文學言談，在所當去，而唯從事於實事求是者矣。又韓非既專恃賞罰以達其干涉之目的，禮義既非所尚，斯不得不以術數濟之《老子》三十六章云：

將欲歙之，必固張之；將欲弱之，必固強之；將欲廢之，必固與之；將欲奪之，必固與之。

而韓非子《難一》篇云：

且臣盡死力以與君市，君垂爵祿以與臣市。君臣之際，非父子之親也，計數之所出也。

是韓非直以臣欲得君之爵祿，故先盡其死力；君欲得臣之死力，故先垂其爵祿；皆欲取先與之義，計數之所出也。在老子之意，本欲揭破天下之陰謀，以見張強興等不易居，而韓非則因而用之，以對待一切矣。又如《老子》六十七章云：

我有三寶，持而保之。一曰慈，二曰儉，三曰不敢為天下先。慈故能勇；儉故能廣；不敢為天下先，故能成器長。……夫慈，以戰則勝，以守則固。天將救之，以慈衛之。

而韓非《解老》釋之云：

愛子者慈於子；重生者慈於身；貴功者慈於事。慈母之於弱子也，務致其福；務致其福，則事除其禍；事除其禍，則思慮熟；思熟慮，則得事理；得事理，則必成功；必成功，則其行之也不疑；不疑之謂勇。聖人之於萬事也，盡如慈母之為弱子慮也；故見必行之道，則其從事亦不疑，不疑之謂勇；不疑生於慈。故曰慈故能勇。

周公曰："冬日之閉凍也不固，則春夏之長草木也不茂。天地不能常侈常費，而況於人乎？故萬物必有盛衰；萬事必有馳張；國家必有文武；官治必賞罰。是以智士儉用其財則家富；聖人愛寶其神則精盛；人君重戰其卒則民衆。民衆則國廣，是以舉之曰：儉故能廣。"

凡物之有形者易裁也，易割也。何以論之？有形則有短長；有短長則有小大；有小大則有方圓；有方圓則有堅脆；有堅脆則有輕重；有輕重則有黑白。短長，大小，方圓，堅脆，輕重，黑白，之謂理；理定而物易割也。故議於大庭而後言則立權議之士知之矣；故成方圓而隨其規矩，則萬事之功形矣。而萬物莫不有規矩。議言之士計會規矩也。聖人盡隨於萬物之規矩。故曰：不敢為天下先。不敢為天下先，則事無不事，功無不功，而議必蓋世，欲無處大官，其可得乎？處大官之謂成事長。故曰："（原故上有是以字據王先慎校刪）不敢為天下先，故能為成事長。"（成事長今老子作成器長異文也）

慈於子者不敢絕衣食。慈於身者不敢離法度。慈於方圓者不敢舍規矩。故臨兵而慈於士吏，則戰勝敵；慈於器械，則城堅固。故曰：慈於戰則勝，以守則固。

此解釋《老子》則純然刑名家之論調矣。夫老子之慈，所以勇於愛人也，而韓非引而申之，則以謂見必成之功，行不疑之事。老子之儉，所以為愛人之資也，而韓非引而申之，則以謂重戰則民衆，民衆則國廣，則所以儉者乃所以為侵略之資矣。老子之不敢為天下之先，恐先則近於爭，而為愛人之累，而韓非引而申之，以法度為盡萬物之規矩。而其《五蠹》篇云：

故明主之國，無書簡之文，以法為教；無先王之語，以吏為師；

無私劍之捍，以斬首為勇。是境內之民，其言談者必軌於法；動作者必歸之於功；為勇者盡之於軍，是故無事則國富，有事則兵強。此之謂王資。既畜王資，而承敵國之釁，超五帝，侔三王，必此法也。

此其論恉固與老子大殊；然苟以韓非《解老》篇對勘，則可知其為本於老子之言，而變本加厲者矣。夫老子之言，太史公歎其深達，豈一端而已哉？而韓非則因其性之所近，與環境之所迫，憤而趨於極端矣。蓋老子明人之詐，所以使天下之人知所防；而韓非則處於詐偽之環境，知天下之詐，防無可防，而遂不得以詐偽之心待人，如上所引計數之說是也。老子則教人為善，而韓非則處惡毒之環境，知天下人無可教，而不得不以不肖之心待人。故《六反》篇云：

老聃有言曰："知足不辱，知止不殆。"夫以殆辱之故，而不求於足之外者，老聃也。今以為足民而可以治，是以民為皆如老聃也。故桀為天下而不足於尊，富有四海而不足於寶。君人者雖足民，不能足使為天子；而桀未必以天子為足也，則雖足民，何可以為治也。故明主之治國也，適其時事，以致財物，論其稅賦，以均貧富；厚其爵祿，以盡賢能；重其刑罰，以禁姦邪。使民以力得富，以事致貴，以過受罪，以功致賞，而不念慈惠之賜。此帝王之政也。

既以不肖待人，則道德亦非所尚矣。故其《顯學》篇云：

夫嚴家無悍虜，而慈母有敗子，吾以此威勢之可以禁暴，而德厚之不足以止亂也。夫聖人之治國，不恃人之為吾善也，而用其不得為非也。恃人之為吾善也，竟內不什數；用人不得為非，一國可使齊。為治者用眾而舍寡，故不務德而務法。

斯則與老子道德之恉大相反矣。蓋韓非之於老子學說，往往得其反面，故不覺始合而終分，皆個人之天性與環境之壓迫使然也。又況身當戰國之末，儒以文亂法，俠以武犯禁，墨翟之兼愛，楊朱之為我，戰國諸子之以學術，爭鳴於天下者，不可勝數。高者雖心乎生民，而手無斧柯，虛言不足救國；卑者且以空談取寵，無裨實用。則韓非之於老學，又安得不遠離其宗乎？於是韓非乃易老子之三寶而自有其三道矣。《詭使》篇云：

> 聖人所以為治道者三：一曰利，二曰威，三曰名。夫利者所以得民也；威者所以行令也，名者上下之所道也。非此三者雖有不急矣。

夫非此三者雖有不急，則老子之三寶，蓋已非所急，而易以利威名三者為其三寶矣。於是與老子政治之宗旨乃大相倍戾。《老子》三十七章云：

> 道常無為而無不為，侯王若能守之，萬物自化。化而欲作，吾將鎮之以無名之樸。夫亦將無欲。

> 不欲以靜，天下將自定。

老子欲鎮天下以無欲，而韓非則欲召天下以多欲矣。欲者何？名利是也。《老子》七十二章云：

> 民不畏威，則大威至。

七十四章云：

> 民不畏死，奈何以死懼之？

蓋老子乃深疾當時之政府，威嚇民眾；而韓非則欲以威刼天下矣。以此可以見人之思想，關於所學者固甚小，而關於天性及環境者乃甚大也。世之以書本教育，學校教育，為萬能者，可以憬然悟矣。

莊、韓兩家老學之比較

　　莊韓兩家之學，皆出於老子，已如上兩篇所述矣。然莊則持絕對放任主義，韓則持絕對干涉主義，殆如冰炭之不相同焉。蓋本其性情之異，因環境之壓迫，而遂各走極端者也。蓋當時政府不良；故法度不明；是非不定；賞罰不當；榮辱馮其喜怒；生死隨其俯仰；謂有政府，則政府之政令不行；謂無政府，則人民之自由喪失。兩端之敝既呈，則以性情之別，各從其一端而為觀察，而所見遂各有不同矣。所見既有不同，而所學又因性情之別，所得又不能無異。於是以偏見之學，救偏見之弊，故其始雖同於一本，其末乃如胡越矣。此莊韓之所以本同而末異也。蓋嘗試論之，莊韓之學，同本於老子，而同得於老子第三十八章者為尤多：

　　上德不德，是以有德。下德不失德，是以無德。上德無為而無以為。下德為之而有以為。上仁為之而無以為。上義為之而有以為。上禮為之而莫之應，則攘臂而扔之。故失道而後德，失德而後仁，失仁而後義，失義而後禮，夫禮者忠信之薄，而亂之首；前識者道之華，而愚之始。是以大丈夫處其厚不居其薄，處其實不居其華，故去彼取此。

　　此章"上德無為而無以為"句，據《韓非子》當作"上德無為而無不為"。以第四十八章無為而無不為句證之，韓非作無不為者是也。蓋莊子有得於老子之"上德無為"，而韓非則有得於老子之

"上德無不為"者也。又老子謂"上德不德,是以有德"。莊子者,蓋以"不德"為使人不知德;而韓非者,則以"不德"為無德,上德不德,反而言之,則有德為不德矣。老子又云:"有之以為利,無之以為用。"莊子蓋有見於老子無之用,則韓非則有見於老子有之利者也。《莊子·馬蹄》篇云:

馬,蹄可以踐霜雪,毛可以禦風寒,齕草飲水,翹足而陸,此馬之真性也。雖有義臺路寢,無所用之。及至伯樂曰:"我善治馬,燒之剔之,刻之雒之,連之以羈馽,編之以皁棧,馬之死者十二三矣。馳之驟之,整之齊之,前有橛飾之患,而後有鞭筴之威,而馬之死者已過半矣。"陶者曰:"我善治埴,圓者中規,方為中矩。"匠人曰:"我善治木,曲者中鉤,直者應繩。夫埴木之性,豈欲中規矩鉤繩哉?"然且世世稱之曰:"伯樂善治馬,而陶匠善治埴木,此亦治天下者過也。"

莊子之崇尚自然如此。韓非則不然。《顯學》篇云:

夫必恃自直之箭,百世無矢;恃自圜之木,千世無輪矣。自直之箭,自圜之木,百世無有一;然而世皆乘車射禽者,何也?隱栝之道用也。雖有不恃隱栝而有自直之箭,自圜之木,良工弗貴也。何則?乘者非一人,射者非一發也。

韓非之崇尚人力如此。蓋莊子以無用為主,故一任其自然,而曲直方圓無所容心,此所以無為也。韓非則以有用為主,故不能不以一切皆納之於規矩繩墨之中,此所以無不為也。無為也,故對於政治純取放任主義。《徐无鬼》篇云:

黃帝將見大隗乎具茨之山,方明為御,昌㝢驂乘,張若、諝朋前馬,昆閽、滑稽、後車,至於襄城之野,七聖皆迷,无所問塗;適遇牧馬童子,問塗焉。曰:"若知具茨之山乎?"曰:"然。""若知大隗之所在乎?"曰:"然。"黃帝曰:"異哉!小童!非徒知具茨之山,又知大隗之所在。請問為天下。"小童曰:"夫為天下者,亦若此而已矣,又奚事焉。予少而自遊於六合之內,予適有瞀病,有長者教予曰:若乘日之車而遊於襄城之野。今予病少痊,予又且復遊於六合之外。夫為天下亦若此而已,予又奚事焉。"黃帝曰:"夫為天下者,則誠非吾子之事,雖然,請問為天下。"小童曰:"夫為天下者,亦奚以異乎牧馬者哉?亦去其害馬者而已矣。"黃帝再拜稽首,稱天師而退。

此以牧馬之放任,喻為天下之放任也。韓非則不然。《六反》篇云:

母之愛子也倍父;父令之行於子者十母;吏於民無愛,令行於民也萬父母?父母積愛而令窮;吏用威嚴而民聽從;嚴愛之筴亦可決矣。

此持干涉主義之說也。此兩家對於政治極端相反之說也。其對於仁義禮智,則皆本於老子之說,而大肆譏彈。然莊子之譏也,以其開姦詐之先,為爭奪之本。《胠篋》篇云:

將為胠篋探囊發匱之盜,而為守備,則必攝緘縢,固扃鐍,此世俗之所謂知也。然而巨盜至,則負匱揭篋擔囊而趨,唯恐緘縢扃鐍之不固也。然則鄉之所謂知者,不乃為大盜積者也?故嘗試論之,世俗之所謂知者,有不為大盜積者乎?所謂聖者,有不為大盜守者乎?何以知其然邪?昔者齊國,鄰邑相望,雞狗之音相聞,罔罟之所布,耒耨之所刺,方二千餘里,闔四境之內,所以立宗廟社稷,治邑屋州閭鄉曲者。曷嘗不法聖人哉?然而田成子一旦殺齊君而盜其國;所盜者豈獨其國邪?並與其聖知之法而盜之。故田成子有乎盜賊之名,而身處堯舜之安;小國不敢非,大國不敢誅;十二世有齊國。則是不乃竊齊國，並與其聖知之法，以守其盜賊之身乎？故跖之徒，問於跖曰："盜亦有道乎？"跖曰："何適而无道邪？夫妄意室中之藏，聖也；入先，勇也；出後，義也；知可否，知也；分均，仁也；五者不備，而能成大盜者，天下未之有也。由是觀之，善人不得聖人之道不立，跖不得聖人之道不行。天下之善人少，而不善人多，則聖人之利天下也少，而害天下也多。

此文雖非莊子所作，當亦其徒所為，甚足以代表莊子反對仁義禮智之恉矣。而韓非《五蠹》篇則云：

且民者固服於勢，寡能懷於義。仲尼，天下聖人也，修行明道以游海內，海內說其仁，美其義，而為服役者七十人。蓋貴仁者寡，能義者難也。故以天下之大，而為服役者七十人，而仁義者一人。魯哀公下主也，南面君國，境內之民莫敢不臣。民者固服於勢，勢誠易服人。故仲尼反為臣，而哀公顧為君；仲尼非懷其義，服其勢也。故以義則仲尼不服於哀公；乘勢則哀公臣仲尼。今學者之說人主也，不乘必勝之勢，而務行仁義，則可以王；是求人主之必及仲尼，而以世之凡民皆如列徒。此必不得之數也。

此韓非掊擊仁義之說也。蓋莊子之視仁義以其開功利爭奪之端。故務欲去之；而韓非則以其為防阻功利之物，故務欲廢之也。老子曰："夫唯不爭，故天下莫能與之爭。"莊子蓋得其"夫唯不爭"一句，故務去爭之本；韓非蓋得其"天下莫能與之爭"一句，故務去爭之障礙也。老子以失道德而後有仁義禮。莊子承之，故欲去仁義禮而為其上德之德，以求復其初；韓非則不然，以謂道德既失，仁義禮亦不足治之，故非嚴刑峻法不足以善其後。其所以行嚴刑峻法而無疑者，蓋亦本老子之上德不德者也。《顯學》篇云：

民智之不可用，猶嬰兒之心也。夫嬰兒不剔首則腹痛，不揊痤則寢益。剔首揃痤，必一人抱之，慈母治之；然猶啼號不止，嬰兒子不知犯其所小苦，致其所大利也。今上急耕田墾草以厚民產也，而以上為酷；修刑重罰，以為禁邪也，而以上為嚴；徵賦錢粟，以實倉庫，且以救饑饉，備軍旅也，而以上為貪；境內必知介，而無私解，并力疾鬬，所以禽虜也，而以上為暴。此四者所以治安也，而民不知悅也。

此韓非以不德為德之說，尤顯而易知者矣。老子之書雖盛稱古昔，然其第五章云："聖人不仁，以百姓為芻狗。"《莊子·天運》篇釋"芻狗"之義云：

孔子西游，顏淵謂師金曰："以夫子之行為奚如？"師金曰："惜乎！而夫子其窮哉！"顏淵曰："何也？"師金曰："夫芻狗之未陳也，盛以篋衍，巾以文繡，尸祝齊戒以將之；及其已陳也，行者踐其首脊，蘇者取而爨之而已，將復取而盛以篋衍，巾以文繡，游居寢臥其下，彼不得夢，必且數眯焉。今而夫子亦取先王已陳芻狗，聚弟子游居寢臥其下，故伐木於宋，削迹於衞，窮於商周，是非其夢邪？圍於陳蔡之間，七日不火食，死生相與隣，是非其眯邪？夫水行莫如用舟，而陸行莫如用車。以舟之可行於水也，而求推之於陸，則沒世不能尋常。古今非水陸與？周魯非舟車與？今蘄行周於魯，是猶推舟於陸也。勞而無功，身必有殃。彼未知夫無方之傳，應物而不窮者也。子獨不見夫桔槔者乎？引之則俯，舍之則仰。彼人之所引，非引人也，故俯仰而不得罪於人。故夫三皇五帝之禮義法度，不矜於同而矜於治，故譬三皇五帝之禮義法度，其猶柤梨橘柚邪？其味相反，而皆可於口。故禮義法度者，應時而變者也。今取猨狙而衣以周公之服，彼必齕齧挽裂，盡去而後慊。觀古今之異，猶猨狙之異乎周公也。故西施病心而矉其里；其里之醜人見而美之，歸亦捧心而矉其里；其里之富人見之，堅閉門而不出，貧人見之，挈妻子而去之走；彼知矉美而不知矉之所以美。惜乎而夫子其窮哉！"

然則芻狗之為物，蓋已陳則廢。老子之言，所以喻禮義法度之為物，亦當已陳則廢也。然仁義法度從何而出？曰："出於先王。"故莊韓兩家，承其說，遂詆訶先王，排斥禮義。雖然亦各有別焉。莊子之詆先王，詆先王之以禮樂啟民詐偽，而欲為上古之無為。《繕性》篇云：

古之人在混芒之中，與一世而得澹漠焉。當是時也，陰陽和靜，鬼神不擾，四時得節，萬物不傷，羣生不夭。人雖有知，无所用之。此之謂至一。當是時也，莫之為而常自然。逮德下衰，及燧人，伏羲，始為天下，是故順而不一。德又下衰，及神農，黃帝，始為天下，是安而不順。德又下衰，及唐虞始為天下，興治化之流，澆淳散朴，離道以善，險德以行，然後去性而從於心；心與心識知而不足以定天下；然後附之以文，益之以博；文滅質，博溺心，然後民始惑亂，無以反其性。

是莊子蓋以開化為進於詐偽，故非先王之不古而欲反之大古者也。韓非則不然，《五蠹》篇云：

上古之世，人民少而禽獸眾；人民不勝禽獸蟲蛇；有聖人作，構木為巢，以避羣害，而民悅之，使王天下，號之曰：有巢氏。民食果蓏蚌蛤，腥臊惡臭，而傷害腹胃，民多疾病；有聖人作，鑽燧取火，以化腥臊，而民悅之，使王天下，號之曰：燧人氏。中古之世，天下大水，而鯀禹決瀆。近古之世，桀紂暴亂，而湯武征伐。今有構木鑽燧於夏后氏之世者，必為鯀禹笑矣；有決瀆於殷周之世者，必焉湯武笑矣。

然則美堯舜湯武禹之道於當今之世者，必為新聖笑矣。

此韓非之非先王，蓋以時代日進，古道不適於今者也。然則莊子之非古，而欲再反於古，是退化之說也；韓非之非古，乃務欲以適於今，是進化之說也。韓非蓋以過去之法皆為已陳之芻狗，而不知今日之進化，亦由過去之閱歷使然也；莊子則獨知黃帝、堯、舜為已陳之芻狗，而不知太古之渾沌，亦已陳之芻狗也。此莊韓極端之異也。雖然，亦有其同者焉。《莊子·秋水》篇云：

昔者堯、舜讓而帝，之噲讓而奪；湯、武爭而王，白公爭而滅。由此觀之，爭讓之禮，堯、桀之行，貴賤有時，未可以常也。

《韓非子·五蠹》篇云：

古者文王處豐鎬之間，地方百里，行仁義而懷西戎，遂王天下；徐偃王處漢東，地方五百里，行仁義，割地而朝者三十有六國，荊文王恐其害己也，舉兵伐徐，遂滅之。故文王行仁義而王天下，偃王行仁義而喪其國。是仁義用於古，不用於今也。故曰："世異則事異。"

此其以時勢不同，故先王之道不能行於今，其見解一也。然韓非於此，視之甚真，持之甚堅，故於上文繼之云：

上古競於道德，中世逐於智謀，當今爭於氣力。

此韓非學說，以適應潮流為主義者也。莊子則不然，嘗於《山木》篇述其理想國曰：

市南宜僚見魯侯，魯侯有憂色，市南子曰："君有憂色，何也？"魯侯曰："吾學先王之道，脩先君之業，吾敬鬼尊賢，親而行之，无須臾離居。然不免於患。吾是以憂。"市南子曰："君之除患之術淺矣。夫豐狐文豹，棲於山林，伏於巖穴，靜也；夜行晝居，戒也；雖飢渴隱約，猶旦胥疏於江湖之上而求食焉，定也。然且不免於网羅機辟之患，是何罪之有哉？其皮為之災也。今魯國獨非君之皮邪？

吾願君剝形去皮，洒心去欲，而游於无人之野。南越有邑焉，名為建德之國，其民愚而樸，少私而寡欲，知作而不知藏，與而不求其報，不知義之所適，不知禮之所將，猖狂妄行，乃蹈乎大方，其生可樂，其死可葬，吾願君去國捐俗相輔而行。"君曰："彼其道遠而險，又有江山，我无舟車，奈何？"市南子曰："君無形倨，无留居，以為君車。"君曰："彼其道幽遠而無人，吾誰與為憐？吾無糧，我無食，安得而至焉？"市南子曰："少君之費，寡君之欲，雖無糧而乃足。君其徙於江而浮於海，望之而不見厓，愈往而不知其窮；送君者皆自厓而返；君自此遠矣。"

此所謂建德之國，乃莊子之理想國，蓋形容太古混芒之狀者也。然則莊子學說，乃以逆當時之潮流為主義者矣。蓋莊子以為仁義已不適於今，若再逐流而往，其禍將不知伊於胡底；故《庚桑楚》篇引庚桑子云：

吾語女："大亂之本，必生於堯舜之間，其末存乎千世之後；千世之後，其必有人與人相食者也。"

莊子蓋知夫道德之失，必繼之以智謀，智謀之後，必繼之以氣力，其敝有不可勝窮者。故曰千世之後，必有人與人相食者也。

由此觀之，則莊、韓之本同末異，可以明矣。質而論之，老子之言多兩端，而莊、韓各執其一。如老子云：

莊子			韓非子
道常	無為	而	無不為（三十七章）
上德	無為	而	無不為（三十八章）
以其終	不自大	故能	成其大（三十四章）
夫唯	弗居	是以	不去（二章）
夫唯	不爭	故	天下莫能與爭（二十二章）

又云：

韓非子		莊子
有之以為利		無之以為用（十一章）
明道	若	昧
進道	若	退
夷道	若	纇
大白	若	辱
大成	若	缺
大盈	若	沖
大直	若	屈
大巧	若	拙
大辯	若	訥

此莊、韓兩家對於老說各執一端之大略也。是故同是捭擊仁義也，莊子則唯欲達其無為；韓非則唯欲達其無不為，同是絕聖棄智也。韓非則唯欲求其大巧大辯，莊子則唯欲求拙與訥。此求之莊、韓兩家之書，皆顯而易見者矣。

兩家老學之異，既如此。而其《老子傳》本亦各有不同。老子第三十八章云：

故失道而後德，失德而後仁，失仁而後義，失義而後禮，夫禮者忠信之薄，而亂之首；前識者道之華，而愚之始。（王弼本）

據韓非《解老》篇則為：

故失道而後失德，失德而後失仁，失仁而後失義，失義而後失禮。夫禮者忠信之薄也，而亂之首乎？前識者，道之華也，而愚之首乎？（原作也據上句改乎）

清儒盧文弨校《韓非子》云：

凡而後下俱不當有失字。

此據今本《老子》以改《韓非子》者也。劉師培校《老子》云：

據《韓非》則今本脫四失字。《老子》之旨，蓋言道失而德從而失，德失而仁德從而失，仁失而義從而失，義失而禮從而失也。

此又欲據《韓非》以增《老子》原文者也。吾以謂《韓非》所引此數句，均有失字，不應誤增如此。而《莊子·知北游》則云：

故曰："失道而後德，失德而後仁，失仁而後義，失義而後禮。禮者道之華而亂之首也。"

莊子所謂失道數句，與今本《老子》同而與韓異。則可知莊韓所傳《老子》本，其文字亦不無歧異。考據家據此改彼，均未為是也。

新定老子章句

《老子》五千餘言，均為短章雜記體。今本分上下兩篇，共八十一章，必非原書之舊。近世學者多已言之，且多已訂定，然鄙見不能盡同也。茲復詳為審訂，並略錄校語如下：

道可道，非常道；名可名，非常名。無，名天地之始；有，名萬物之母。（王弼以"有名""無名"連讀。司馬光、王安石於"無"字斷句。羅振玉云："無"景龍本敦煌本，皆作"無，"下並同。）故常無，欲以觀其妙；（畢沅云：古無"妙"字。易，妙慮萬物而為言。王肅本作"眇"。馬敍倫云："妙"當作"杪。"《說文》，杪，木標末也。後同。）常有，欲以觀其徼。（王弼以"有欲""無欲"連讀。司馬光、王安石以"有"字"無"字斷句。馬敍倫云："徼"當作"竅。"後同。《說文》，竅，空也。竅杪對言。）此兩者同，出而異名。（畢沅云：陳景元以"此兩者同"為句。嚴復云："同"字逗。）同謂之玄。玄之又玄，眾妙之門。（王弼本標題云：一章。河上公本以為體道章。）

天下皆知美之為美斯惡已；皆知善之為善斯不善已。故有無相生，難易相成，長短相形（畢沅云：王弼作"較，"陸德明亦作"較，"並非。古無"較"字。本文以"形"與"傾"為韻，不應用"較，"又明矣。羅振玉云：各本皆作"形"釋文依王本作"較。"），高下相傾，音聲相和，前後相隨。是以聖人處無為之事，行不言之教。（馬敍倫云：自"是以聖人"以下，與前文義不相應。此二句當在四十三章，"不言之教，無為之益天下稀及之矣"下，柱按馬校非也。《莊子·齊物論》即闡發此章之旨。先言是非成毀，而後言大道不稱，大辯不言，則此"處無為之事，行不言之教，"非與前文不接明甚。此下各本有"萬物作焉生而不有為而不恃功成而弗居夫唯弗居是以弗去"二十八字。馬敍倫云：此文生而不有以下皆五十一章之文。蓋因錯簡而校者有增無刪，遂複出也。柱謂馬說非也。如馬說，則"萬物作焉而不辭"句為無着。老子五千文，本雜記體，非無複句之可能也。愚謂此數句當是第五章之錯簡。今移下。此與拙著老子亼訓所校不同。讀者宜參焉。王弼本自"天下皆知，"至"是以弗去，"標題二章。河上公本以此為養身章。）

不尚賢，（羅振玉云：景龍本"尚"作"上，"敦煌本作"不上寶。"）使民不爭；不貴難得之貨，使民不為盜；（羅振玉云：景龍御注敦煌三本均無"為"字。）不見可欲，使民心不亂。（紀昀云：各本俱無"民，"惟永樂大典本有之。劉師培云：文選東京賦注，易艮卦釋文引並無"民"字。蓋唐初避諱，刪此字也。古本實有"民"字，與上二句一律。柱按劉氏謂古本實有民字，與上二句一律，是也。然唐人所見本無民字，非關避諱，上二句兩"民"字亦不避也。）是以聖人之治，虛其心，實其腹，弱其志，強其骨，常使民無知無欲；使夫知者不敢為也，為無為則無不治。（王弼本題云：三章。河上公本以此為安民章。）

道，盅而用之，（各本作"沖，"今從《說文》作"盅。"）或不盈，淵兮似萬物之宗，（各本此下有"挫其銳解其紛和其光同其塵"四句。馬敍倫云：此四句，乃五十六章錯簡。柱按馬說是也。"淵兮似萬物之宗，"與"湛兮似或存"相接。若閒以"挫其銳"四句，文義頗為牽強。）湛兮似或存，（羅振玉云：景龍御注二本均作湛常存敦煌本作湛似常存。）吾不知誰之子，象帝之先。（王弼本題云：四章。河上公本以此為無原章。）

天地不仁，以萬物為芻狗；聖人不仁，以百姓為芻狗。萬物作焉而不辭，生而不有，為而不恃，功成而弗居。夫唯弗居，是以弗去。（「萬物作焉」以下，各本在第二章「行不言之教」下，此章言天地無仁恩於物，而自生物：聖人治民，亦當法之也。）

天地之間，（易順鼎云：文選文賦注引「間」作「門。」蓋別本，與「衆妙之門」「玄牝之門」同義。）其猶橐籥乎？虛而不詘，動而俞出。（「詘」各本作「屈，」作「掘。」「俞」作「愈」今從畢沅校唐傅弈本。畢沅云：「詘」河上公作「屈，」王弼作「掘，」王弼非。「俞」諸本並作「愈。」案古無「愈」字。羅振玉云：景龍本「愈」作「俞。」）

多言數窮，不如守中。（「傅弈本作「言多數窮。」焦竑云：龍興碑作「多聞數窮。」畢沅云：諸本並作「多言數窮。」馬叙倫云：文子道原篇引作「多聞。」「數」借為「速。」王弼本自天地不仁至此題云：五章。河上公本以此為虛用章。）

谷神不死，（畢元云：「谷」後漢陳相邊韶老子碑銘引，作「浴。」俞樾云：「浴」者「谷」之異字；「谷」者「穀」之叚字。洪頤煊云：「谷」「浴」並「欲」之借字。）是謂玄牝。玄牝之門，是謂天地根；（羅振玉云：景龍御注二本均作「玄牝門天地根。」）緜緜若存，用之不勤。（以上王弼本題云：六章。河上公以此為成象章。）

天長地久。天地所以能長且久者，以其不自生，故能長生。（焦竑云龍興碑作「故能長久」羅振玉云：「生」景龍本作「久。」柱按作"久"者非是。）是以聖人後其身而身先，外其身而身存，非以其無私邪？（"邪"各本作"耶，"俗。今正。）故能成其私。（馬敍倫云：自"是以聖人"以下，文義不屬，疑係錯簡。或上文"以其不自生"之"生"字，當為"私"字。柱按馬說非也。此以天地不自生，故能長其生，明聖人不自私，故能成其私。以上王弼本題云：七章。河上公本以此為韜光章。）

上善若水。水善利萬物而不爭。夫唯不爭故無尤。（各本此句居章末。在"動善時"之下。今按上文"功成而弗居。夫唯弗居，是以弗去。"則此文當同一例。故移至此。）居眾人之所惡，故幾於道。

居善地。（馬敍倫云：此上蓋脫一句，此文兩句一韻，地人治時皆韻也。）心善淵。與善人。言善信。正善治。（羅振玉云：景龍御注景福三本"正"並作"政。"）事善能。動善時。（各本此數句在"故幾於道"之上。今按此與上下文義不涉，當別為一章。王弼本自"上善"至此，題云：八章。河上公本以此為易性章。）

持而盈之，不如其已；（羅振玉云：景龍本作"不若其以"柱按"已""以"古皆作"已。"）揣而梲之，（"揣"傅奕本作"歂。"畢沅云：諸本並作"揣。"《說文解字》無"歂"字，有"敊"字，云：有所治也。疑"歂"字卽"敊"字之譌。"梲"河上公本作"銳。"羅振玉云：河上景龍御注景福諸本，皆作銳。）不可長保；金玉滿堂，莫之能守；富貴而驕，自遺其咎；（日本羣書治要本作"還自遺咎。"）功成，名遂，身退，天之道。（焦竑云：龍興碑作"名成功遂身退。"畢沅云：王弼作"功遂身退天之道。"諸本並作"功成名遂身退天之道。"羅振玉云：景龍御注景福三本，均作"功成名遂身退"以上王弼本題云：九章。河上公本以此為運夷章。）

載營魄襃一能無離！（"襃"各本作"抱"茲從傅奕本。"離"

下各本均有"乎"字。茲從宋河上本。畢沅云：褱，襄也，抱同捊，取也。義應用褱字。羅振玉云：景龍御注敦煌乙丙英倫諸本，均無"乎"字。以後各"乎"字同。）專氣致柔能嬰兒？（傅奕本"能"下有"如"字。今從王弼本。羅振玉云：景福本"能"下有"如"字。）滌除玄覽能無疵？愛民治國能無知？（羅振玉云：河上本"治"作"活。"敦煌丙本"能"作"而。"）天門開闔能為雌？（河上公本王弼本均作"無雌。"傅奕本作"為雌。"羅振玉云：敦煌丙本"門"作"地。"敦煌乙丙二本"能無"作"而為。"景龍御注英倫三本均作"能為。"）明白四達能無為？（傅奕本"無"下有"以"字畢沅云"無以為"河上公作"能無知。"羅振玉云：景龍御注景福英倫諸本"為"均作"知"敦煌丙本亦作"為。"柱按此下各本有"生之畜之生而不有為而不恃長而不宰是謂玄德"二十字，薛惠云：一本無"生之畜之"一句。馬敍倫云：自生之畜之以下，與上文義不相應。此文為五十一章錯簡。柱按馬說是也。自"載營至是謂玄德，"王弼本題云：十章。河上公本以此為能為章。）

三十輻共一轂，（羅振玉云：敦煌乙丙本，景龍廣明本"三十"均作"卅。"）當其無有，車之用；（畢沅云：本皆以當其無斷句。案考工記利轉者以無有為用也。是應以"有"字斷句。）挺埴以為器，當其無有，器之用；（"挺"王弼本如此。傅奕本作"埏。"羅振玉云：御注本作"挺，"景龍本敦煌丙本作"埏。"馬敍倫云：《說文》無"埏"字。當依王本作"挺"而借為摶。）鑿戶牖以為室，當其無有，室之用。故有之以為利；無之以為用。（以上王弼本題云：十一章。河上公本以此為無用章。）

五色令人目盲；五音令人耳聾；五味令人口爽；馳騁田獵，（王弼本"田"作"畋。"傅奕本作"田。"羅振玉云：景龍，景福，敦

煌乙丙，御注諸本，均作"田。"馬敍倫云：古無田獵專字。）令人
心發狂；難得之貨，令人行妨。是以聖人為腹不為目，故去彼取此。
（以上王弼本題云：十二章。河上公本以此為檢欲章。）

　　寵辱若驚；貴大患若身。何謂寵辱若驚？寵為上，辱為下；（王
弼本作"何謂寵辱若驚，寵為下。"傅奕本宋刊河上公本作"何謂
寵辱寵為下，"俞樾云：陳景元本李道純本均作何謂"寵辱若驚寵為
上辱為下。"可據以訂正諸本之誤。羅振玉云：河上景龍御注景福敦
煌丙諸本，均無"若驚"二字，"寵為下"景龍本"寵"作"辱。"
景福本作"寵為上辱為下。"柱按俞說是也。今從之。）得之若驚，
失之若驚，是謂寵辱若驚。何謂貴大患若身？吾所以有大患者，為
吾有身，及吾無身，（"及"傅奕作"苟。"）吾又何患？故貴以身
為天下，（羅振玉云：景龍及敦煌丙本"為"均作"於"）若可寄
天下；愛以身為天下，（羅振玉云：廣明景福二本，"愛以身"作
"愛身以"）若可託天下。（柱按莊子在宥篇此二句作"故貴以身於
為天下，則可以託天下；愛以身於為天下，則可以寄天下。"以上王
弼本題云：十三章，河上公本以此為厭恥章。）

　　視之不見名曰夷；聽之不聞名曰希；搏之不得（"搏"各本作
"搏。"易順鼎云："搏"乃"搏"之誤。宋陳搏，字希夷。卽取此
義。易說是也。今從之。）名曰微。此三者不可致詰，故混而為一。
其上不皦，（傅奕本"其"上有"一者"二字。"上"下有"之"
字。敦煌本"皦"作"皎。"）其下不昧，（傅奕本"下"下有
"之"字。）繩繩兮，不可名。（王弼本無"兮"字。茲從傅奕本。
羅振玉云：景福本"繩"下有"兮"字。）復歸於無物。是謂無狀
之狀，無象之象，是謂芴芒。（焦竑云：龍興碑無此句。畢沅云：河
上公作"忽恍，"王弼作"惚恍，"河上"忽"是，弼"恍"是，其

"恍""惚"則並非也。奕借芒刺菲芴之字為之,與莊子雜乎芒芴之間字同。羅振玉云:景龍御注景福三本作"忽恍")迎之不見其首,隨之不見其後。

執古之道,以御今之有。(羅振玉云:"御"景龍本作"語。"能知古始,是謂道紀。(羅振玉云:"紀"景龍本作"己。"以上王弼本題云:十四章。河上公本以此為贊元章。柱按"隨之不見其後,"以上形容道體。"執古之道"以下言執古御今義不相蒙。應各為一章。)

古之善為天下者,(傅奕本作"為道。"畢沅云:"道"河上公王弼作士。俞樾云:河上公注曰:謂得道之君也。則善為士者,當作善為上者。易順鼎云:文子上仁篇引作"古之善為天下者"疑士字為天下二字之誤。馬敍倫云:《後漢書‧黨錮傳》注引作"道。"讖文"道"字為是。柱按當從文子作"天下"為是。文子上仁篇所釋,皆為天下之道也。)微妙玄通,深不可識。夫唯不可識,故強為之容。(易順鼎云:《文選‧魏都賦》引"容"為"頌,"是也。"頌"為容貌本字。馬敍倫本據改作頌。柱按頌之籀文為額。則"容"亦古段借字,不必改。傅奕本"容"下有"曰"字,非。)豫兮若冬涉川,猶兮若畏四隣,儼兮其若客,(王弼本"客"作"容。"羅振玉云:景福本作"客。"景龍英倫御注諸本,均作"儼若客。"柱按傅奕本亦作"儼若客"作"客"者是也。"客""釋"為韻。作"容"者因上文強為之容而誤耳。)渙兮若冰之將釋,(馬敍倫云:"冰"當作仌。)敦兮其若樸,(馬敍倫云:"敦"借為橢。古書"混沌"或"困敦"或作"混敦。")曠兮其若谷,(馬敍倫云:《文子‧上仁篇》"曠"作"廣。"此句在"混兮"句下。)混兮其若濁,孰能晦,以理之徐明;孰能濁,以靜之徐清;孰能安,以動之徐生。（各本無"孰能晦，以理之徐明"句。王弼本作"孰能濁以靜之而徐清，孰能安以久動之徐生。"傅奕本作"孰能濁以澄靖之而徐清，孰能安以久動之而徐生。"河上公作"孰能濁以止靜之徐清孰能安以久動之徐生。"羅振玉云：廣明本作孰能濁以靜動之以徐清，孰能安以久動之以□□❶。馬敍倫云：參校各本，及王注，此句上蓋脫"孰能晦以理□❷之而徐明"一句。"孰能濁以澄靖之而徐清，"當作"孰能靖以止澄之而徐清。""濁"字因上文而謁衍，"澄""靖"二字又謁倒，又脫止字耳。柱按王注云：夫晦以理物則得明，濁以靜物則得清，安以動物則得生。其注文之靜動字，卽本文之靜字動字。故按"孰能濁以靜之徐清"句法。則王本當作"孰能晦以理之徐明"也。"安以久"句，景龍本無"久"字，王注亦不釋"久"字。蓋三句文法本同也。）保此道者不欲盈。夫唯不盈，故能敝而復成。（傅奕本作"是以能敝而不成。"畢沅云：河上王弼作"故能蔽不新成。"淮南子作"故能弊而不新成。"羅振玉云：景龍本作能弊復成。柱按今參校文義，定作故能敝而復成。以上王弼本題云：十五章。河上公本以此為顯德章。）

至虛極。（"至"各本作"致。"羅振玉云：景福本作"至。"馬敍倫云：宋河上本作"至。"）守靜篤。（傅奕本"靜"作"靖。"下同。畢沅云：依義"篤"當作"竺。"）萬物並作，吾以觀其復。（王弼本無"其"字。此從傅奕本。畢沅云：河上公作"吾以是觀其復。"淮南子作"吾以觀其復也。"羅振玉云：景龍御注景福英倫諸本"觀"下均有"其"字。）夫物云云，各復其根。（傅奕本"夫"作"凡，""云"作"貶，""復"作"歸。"畢沅云：河上公

---

❶❷　原書如此，下不一一出註。——編者註

95

作"夫物芸芸，各復歸其根。"王弼"夫亦作"凡，"餘與河上同。莊子作"萬物云云，各復其根。"《說文解字》有"物數紛貳"之言，是奕用正字。柱按莊子作"云，"古本字也。）歸根曰靜；靜曰復命；（"靜曰"王弼本作"是謂。"羅振玉云：景龍御注英倫三本並作"靜曰。"）復命曰常；知常曰明；不知常妄作凶；（嚴可均云：河上"妄，"誤作"萎。"羅振玉云：景龍本作"忘。"柱按河上注云："妄作巧詐"則河上本亦作"妄"）知常容；容乃公；公乃周；周乃大；（"周"各本作"王，""大"各本作"天。"焦竑云：龍興碑作公能生，生能"天。"馬敍倫云：弼注曰："蕩然公平，則乃至於無所不周普也。無所不周普，則乃至於同乎天也。"蓋王本"王"字作"周，"周字脫壞成"王；"故龍興碑改"王"為"生"耳。又疑"天"乃"大"字之譌，下文"吾強為名之曰大，字之曰道，""天下皆謂吾大"皆可證。）大乃道；道乃久；（羅振玉云：五"乃"字景龍本皆作"能。"）歿身不殆。（"歿"王弼本作"沒"傅奕本作"歾"羅振玉云：御注本作"歿。"以上王弼本題曰十六章。河上公本以此為歸根章。）

大上，下不知有之；（"大"各本作"太，""知"上各本無"不"字。彭耜云：陸王弼"太"作"大。"畢沅曰："下知"吳澄作"不知。"胡適云：日本本"知"上有不字。柱按《韓非子‧難三》云："民知誅罰之皆起於身也，故習功利於業而不受賜於君。太上，下智有之。此言太上之下民無說也""大""太"古字通，"知""智"古同一字。韓非引"智"上雖無"不"字，然上云"不受賜於君，"下云"無說"皆釋"不"字之義，疑韓非子"知，"上脫"不"耳。審文以有"不"字為長。）其次親之，（傅奕本如此，王弼本"之"作"而。"羅振玉云：景龍御注景福英倫諸本均作

"之。"）譽之；（傅奕本"譽"上有"其次"二字。畢沅云：河上
公王弼並作"其次親而譽之。"陸希聲作"其次親之譽之。"）其次
畏之，侮之。（各本"侮"上有"其次"二字。羅振玉云：景龍御
注二本均為此二字。"

信不足，有不信。（傅奕本作"故信不足，焉有不信。"畢沅
云：河上公作"有不足焉有不信焉。"王弼作"信不足焉，有不信
焉。"王念孫云：河上本，無下"焉"字，是也。"信不足"為句，
"焉有不信"為句。"焉"於是也。羅振玉云：景福本無下"焉"
字，景龍御注英倫三本並無上"焉"字。柱按上下焉均當刪。）

由兮其貴言哉？（"由"王弼本作"悠，"傅奕本作"猶。"
"哉"字各本無，傅奕本有。羅振玉云：景龍本作"由。"柱按此下
各本有"功成事遂百姓皆謂我自然"十一字。馬敍倫云：譣義蓋三
十七章之文。以上王弼本題云：十七章。河上公本以此為淳風章。）

大道廢，有仁義；（傅奕本"有"上有"焉"字，下一句同。
馬敍倫云：易州"廢"作"癈，""仁"作"人。"羅振玉云：景龍
本"仁"作"人。"）智慧出，有大偽；（畢沅云：河上公作"智
惠，"王弼作"知慧。"羅振玉云：景龍廣明景福三本均作"智
惠。"）六親不和，有孝慈；（羅振玉云：此三句"廢"下"出"下
"和"下，廣明本均有焉字。下"國家昏亂有忠臣""亂"下亦必有
"焉"字，石泐不可見。）國家昏亂有忠臣。 （傅奕本"忠"作
"貞。"以上王弼本題云：十八章。河上公本以此為薄俗章。）

絕學無憂；（各本在下章"唯之與呵"句上。今據易順鼎校
改。）絕聖棄智，民利百倍；絕仁棄義，民復孝慈；絕巧棄利，盜賊
無有。此三者（"三者"各本作"三者。"易順鼎云：文子引"絕學
無憂"在"絕聖棄智"之上，疑古本如此。"絕學無憂"各二字為

句。"學"與"憂"為韻。"倍""慈""有"為韻。胡適云:二十章首句"絕學無憂"當屬十九章之末,與"見素抱樸,少私寡欲,"兩句,為同等的排句。柱按胡說非也。"見素抱樸少私寡欲"為平列句。"絕學無憂"猶云絕學則無憂,與上二句句法不類。審校文義,以易說為是。"絕學"與"絕聖""絕仁""絕巧,"文義一例。)以為文不足,故令有所屬:見素褁樸,("褁"各本作"抱"傅奕本如此)少私寡欲。(以上王弼本題云:十九章。河上公本以此為還淳章。)

唯之與阿,(劉師培云:"阿"當作"訶,"《說文》云:訶大言而怒也。柱按"阿""訶"聲借。)相去幾何?善之與惡,相去何若?(王弼本作"若何,"傅奕本作"何若。"羅振玉云:景龍御注廣明景福諸本均作"何若。"柱按作"何若"是也。"阿""何"韻,"惡""若"韻。)

人之所畏,不可不畏。(馬敘倫云:此二句疑當在七十二章"民不畏威"之上。彼文"民"字當作"人"柱按馬說非也。審校文義,與彼文亦不相接,當是別為一章。)荒兮其未央哉?(馬敘倫云:此句與上下文義不聯,疑有脫譌。柱按此歎可畏者之大也。)

衆人熙熙,若享太牢,("若"各本作"如,"羅振玉云:景龍本作"若,"下句同。)若春登臺;我獨廓兮其未兆?(羅振玉云:景龍本作"我魄未兆。"馬敘倫云:"兆"當為"𣥂,"《說文》曰:"𣥂,"分也。)若嬰兒之未咳,("若"各本作"如。""咳"各本作"孩,"傅奕本作"咳。"馬敘倫云:"孩""咳"一字。羅振玉云:景龍本"如"作"若")儽儽兮若無所歸?(傅奕本作"儽儽兮其不足以無所歸。"畢沅云:河上公作"乘乘兮若無所歸,"王弼作"儽儽若無歸,"陸希作"儽儽兮若不足似無所歸。")衆人皆有餘,

而我獨若遺，我愚人之心也哉？沌沌兮！（羅運賢以此三字上屬，是
也。）俗人昭昭，我獨若昏；（"若"王弼本作"昏，"傅奕本作
"若。"羅振玉云：景龍御注英倫三本均作"若，"景福本作
"如。"）俗人察察，我獨若悶，（"若悶"王弼本作"悶悶，"傅奕
本作"若閔閔。"柱按以諸本及上句校之，疑當作"若悶。"）忽兮
其若晦，（王弼本作"澹兮其若海。"畢沅云：河上公作"忽兮若
海，"嚴遵作"忽兮若晦。"羅振玉云：廣明景福二本作"忽兮其若
海。"柱按審校文義，當為"忽兮其若晦。"）寂兮若無所止。（王
弼本作"飄兮若無止"傅奕本作"飄兮似無所止。"羅振玉云：御
注英倫二本作"寂兮似無所止。"柱案審文義當為"寂兮若無所
止。"）眾人皆有以，而我獨若頑且鄙。（王弼本作"我獨頑似鄙，"
傅奕本作"我獨頑且鄙。"柱按王注曰故曰：頑且鄙也。則王本亦當
作頑且鄙。其作"似"者，疑似字本在"頑"字上，而"似"又當
為若字之譌。王本當為而我獨似頑且鄙。其注云：若無所識，可證
也。"鄙"乃啚嗇之本字。）我獨異於人，而貴食母，（以上王弼本
題云：二十章。河上公本以此為異俗章。）

孔德之容，（羅振玉云："德"景龍本作"德。"）唯道是從。
道之為物，唯芒唯芴。（"芒芴"字從傅奕本。下同。）芴兮芒，（各
本句末有"兮"字。羅振玉云：御注英倫二本作忽兮恍。下芒兮芴
同。）中有象；（各本句首有"其"字。羅振玉云：景龍本無四
"其"字。下"中有物，""中有精"同。）芒兮芴，中有物；窈兮
冥，（各本有"兮"字。羅振玉云：英倫本作"窈兮冥"）中有精。
其精甚真。其中有信。自古及今，其名不去，以閱眾甫。（莊子作眾
父。）吾何以知眾甫之然哉？以此。（各本"然"作"狀。"傅奕本
閔本作"然。"以上王弼本題云：二十一章。河上公本以此為虛

心章。）

曲則全；枉則直；窪則盈；敝則新；少則得；多有惑。是以聖人抱一為天下式。不自見，故明；不自是，故彰；不自伐，故有功；不自矜，故長。（馬敍倫云：此四句當在二十四章"自矜者不長"下。柱按馬說非也。如馬說文義複贅。此文仍當在此。承抱一而言。卽曲則全等之理也。唯此下"夫唯不爭故天下莫能與之爭，"當在六十八章耳。）古之所謂曲則全者，豈虛言哉？誠全而歸之。（以上王弼本題云：二十二章。河上公本以此為益謙章。）

希言自然。

飄風不終朝，（各本與"希言自然"連為一章。"飄"上有"故"字。審校文義，終難聯貫，當分章為是。羅振玉云：景龍廣明景福英倫諸本均無故字。）驟雨不終日，孰為此者？天地。天地尚不能久，而況於人乎？

故（"故"與"夫"通。）從事於道者，同於道；（各本重"道者"二字。俞樾云：《淮南子·道應篇》引：老子曰："從事於道者同於道，"可見古本不疊"道者"二字。）德者同於德；失者同於失。（傅奕本此三句作"從事於道者，道者同於道，從事於德者，德者同於德，從事於失者，失者同於失。"）

同於道者，道亦樂得之；同於德者，德亦樂得之；同於失者，失亦樂得之，（王弼本三"亦"字下均有"樂"字。傅奕本此數句均無"同"字"樂"字。羅振玉云：御注英倫二本無"樂"字。柱按王注云："言隨其所行，故同而應之，"不釋"樂"字，知王本亦無"樂"字也。此下各本有"信不足焉有不信焉"八字。馬敍倫云：此二句疑十七章錯簡在此。以上王弼本題云：二十三章。河上公本以是為虛無章。）

企者不立；（畢沅云：河上公本"企"作"跂。"羅振玉云：景龍本"立"作"久。"廣明本此上有"喘者不久"句。馬敍倫云："企"《說文》重文作"跂。"）跨者不行；（羅振玉云：景福本此二句倒置。）自見者不明；自是者不彰；自伐者無功；自矜者不長。其於道（"於"各本作"在，""道"下有"也"字。羅振玉云：御注英倫二本"其在"作"其於，"景龍本無"也"字。）曰：餘食贅行。物或惡之，故有道者不處。（以上王弼本題曰：二十四章。河上公本以此為苦恩章。）

有物混成，先天地生，宋兮寞兮，（"宋"各本作"寂。"傅奕作"宋。""寞"鍾會作"飂。"）獨立而不改，周行而不殆，可以為天下母，吾不知其名，強字之曰道，（各本"字"上無"強"字。柱按韓非子喻老釋第一章有"強字之曰道"之語，疑本老子此章之文。傅奕本正有彊字。）強為之名曰大。大曰逝，逝曰遠，遠曰反。故道大，天大，地大，人亦大。（各本作"王亦大，"茲據說文改作"人。"傅奕本與說文同。）域中有四大，而人居其一焉。（各本"人"作王，茲據下文改。傅奕本作而王處其一尊，謬甚。）人法地，地法天，天法道，道法自然。（李約讀"人法地地"為句，"法天天"為句，"法道道"為句，謬甚。以上王弼本題云：二十五章。河上公本以此為象元章。）

重為輕根；靜為躁君。是以聖人終日行不離輜重。（羅振玉云："聖人"景龍御注英倫三本均作"君子"）雖有榮觀，（馬敍倫云："榮觀"是"營衞之借。"）宴處超然。（馬序倫云："超"借為"怊，"《說文》無怊，惆即怊也。《說文》惆，失意也。）如之何萬乘之主而以身輕天下？（傅奕本如此。河上公本王弼本作"奈何。"羅振玉云：景龍本作"如何。"）輕則失根；（"根"王弼本傅奕本作"本，"宋河上本作"臣。"羅振玉云：景龍御注英倫廣明景福諸本均作"臣。"俞樾云：永樂大典作"根。"）躁則失君。（以上王弼本題云：二十六章。河上公本以此為重德章。）善行無徹迹。（王本如此。羅振玉云：景福本"行"下有"者"字。下"善言""善數""善閉""善結"下並同。廣明本同。柱按傅奕本同有者字。）善言無瑕謫。善數不用籌策。善閉無關楗而不可開。善結無繩約而不可解。

人之不善，何棄之有？（此六十二章之文移至此。）是以聖人常善救人，故無棄人；常善救物，故無棄物；（晁說之云：傅奕曰：是以聖人至棄物，古無此，獨河上有之。馬敍倫云：淮南道應訓明引老子曰："人無棄人，物無棄物，是謂襲明。"則不得謂經無此文也。）是謂襲明。故善人者不善人之師；不善人者，善人之資。不貴其師，不愛其資，雖智大迷，是謂要妙。（以上王弼本題云：二十七章。河上公本以此為巧用章。）

知其雄，守其雌，為天下谿；（"谿"王弼傅奕本作"谿。"羅振玉云：釋文作"溪，"景福本亦作"溪，"景龍本作"蹊，"敦煌本作"谿"下並同。）為天下谿，常德不離，（羅振玉云：景龍本"德"作"得，"下二"德"字同。）復歸於嬰兒。知其白，守其黑，為天下式；為天下式，常德不忒，復歸於無極。知其榮，守其辱，為天下谷；為天下谷，常德乃足，復歸於樸。樸散則為器，聖人用之，則為官長。故大制無割。（"無"王本作"不，"傅奕本作"無。"羅振玉云：敦煌本"制"作"剬。"以上王弼本題云：二十八章。河上公本以此為反樸章。）

將欲取天下而為之，吾見其不得已。天下神器，不可為也；不可執也。（各本無不可執也句劉師培云文選干寶晉紀總論注引文子引

102

老子曰天下大器也不可執也不可為也）為者敗之；執者失之。是以聖人無為，故無敗；無執，故無失。（此二句六十四章之文。據馬敍倫說移此。）

夫物（“夫”王本作“故，”傅奕本作“凡。”羅振玉云：景龍本敦煌本均作“夫。”）或行或隨，或噤或吹，（“噤”王本作“歔，”今從傅奕本。）或強或羸，或載或墮，（“載”王本作“挫。”傅奕本作“培。”羅振玉云：河上御注景福三本作“載。”敦煌二本作“接。”）是以聖人去甚，去奢，去泰。（以上王弼本題云：二十九章。河上公本以此為無為章。）

以道佐人主者，不以兵強天下。（此下各本有“其事好還，師之所處，荊棘生焉，大軍之後，必有凶年，”二十字，乃下章錯簡。今移下。）善有果而已。（傅奕本作“故善者果而已矣。”羅振玉云：景龍御注敦煌景福諸本，均作“故善者果而已。”廣明本作“善者果而已矣。”不敢以取強，（羅振玉云景龍本敦煌本均無“敢”字。）果而勿矜果而勿伐，果而勿驕，果而不得已，是果而勿強。（各本無“是”字。傅奕本“有。”俞樾云：上文皆言其果，不言其強。故總之曰是果而勿強。正與上文不以取強相應。）物壯則老，謂之非道。（各本作“是謂不道。”羅振玉云：景龍敦煌二本均作“謂之非道。”）非道早已。（“非”各本作“不。”羅振玉云：景龍敦煌二本均作“非。”以上王弼本題云三十章河上本以此為儉武章。）

夫佳兵者，（“佳”各本作“佳。”據王念孫校改。王云佳古“唯”字。傅奕本作“美，”謬甚。）不祥之器，（以下各本有“物或惡之，故有道者不處”十字，乃二十四章錯簡。今刪。）非君子之器。（各本此句上有“君子居則貴左用兵則貴右兵者不祥之器）十七字。柱按“兵者不祥之器，乃上句衍文，餘當移下。”）其事好還；

師之所處，荊棘生焉；大軍之後，必有凶年。（各本此二十字錯在第三十章，今移此。卽不祥之器之證。）君子居則貴左，用兵則貴右。（卽非君子之器之證。）不得已而用之，恬澹為上。勝而不美，若美之者，（"若"各本作"而。"羅振玉云：景龍本作"若美之，"敦煌本作"若美必樂之。"）是樂殺人。夫樂殺人者，則不可以得志於天下矣。（此下各本有"吉事尚左凶事尚右偏將軍居左上將軍居右言以喪禮處之殺人之衆以哀悲泣之戰勝以喪禮處之"四十字，言極淺陋，決非老子之文，疑皆上文"君子居則貴左用兵則貴右"之注，誤入正文，而錯置於此者，今刪。以上王弼本題云：三十一章。河上本以此為偃武章。）

道常無名。（此下各本有"樸雖小天下莫能臣也侯王若能守之萬物將自賓天地相合以降甘露民莫之令而自均"三十五字，今移後。）始制有名。名亦旣有，夫亦將知止。知止不殆。（各本"不殆"上有"可以"二字。羅振玉云：景龍敦煌二本均無此二字。此下各本有"譬道之在天下，猶川谷之於江海"十三字，今移下。以上王弼本題云：三十二章。河上本以此為聖德章。）

知人者智；自知者明；勝人者有力；自勝者強；知足者富；強行者有志；不失其所者久；死而不亡者壽。（傅奕本各句末均有"也"字。謬甚。以上王弼本題云：三十三章。河上本以此為辨德章。

大道氾兮其可左右，萬物持之以生而不辭，（"以"王本河上本並作"而，"傅奕本作"以。"羅振玉云：景龍御注敦煌英倫諸本而均作"以。"功成而不有，（傅奕本作"功成而不居。"畢沅云：河上公作"功成而不名有，"今王弼本同河上。永樂大典弼本同奕。羅振玉云：廣明本"成"下有"而"字。柱按據上下文例，"而"字當有。“名”字因下文而衍。）衣養萬物而不為主，（“衣養”傅奕本作“衣被”畢沅云：“衣被”河上公作“愛養，”王弼作“衣養。”案“衣”“愛”聲相同。羅振玉云：河上景龍御注英倫廣明景福諸本，作“愛養，”敦煌本作“衣被。”柱按作“愛養”“衣被”者，皆因不識“衣養”之義，故或改“衣”就“養，”或改“養”就“衣”耳。）常無，故可名於小；（“故”各本作“欲，”審校文義，當是“故”字之譌。古書“故”“欲”二字易誤。如《墨子·非攻》中篇云：“欲得而惡失故安而惡危，”下句“故”字陳仁錫本作“欲，”是其證。）萬物歸焉而不為主，可名於大。（王弼本“於”作“為。”羅振玉云：景龍御注敦煌三本均作於。）以其終不自大，（傅奕本如此。王弼本自上有為字。羅振玉云：河上景龍敦煌御注景福英倫諸本均作“是以聖人終不為大。”故能成其大。（以上王弼本題云：三十四章。河上本以此為任成章。）

執大象，天下往；往而不害，安平太。

樂與餌，過客止。道之出言，淡乎其無味。（“言”王本作“口。”“兮”作“乎。”陶鴻慶云：傅奕本“出口”作“出言。”“乎”作“兮。”據王注云：“道之出言，淡然無味，”而二十三章，“希言自然”注亦云：下章言“道之出言淡兮其無味也”似所見本與傅本同也。羅振玉云：景龍敦煌本“口”作“言”景福“乎”作“兮。”視之不足見；聽之不足聞；用之不可既。（以上王弼本題云：三十五章。河上本以此為仁德章。

將欲歙之（傅奕本“歙”作“翕。”畢沅云：河上公作“噏，”王弼作“翕，”簡文作“歙，”韓非子與奕同，陸德明曰：本又作“給，”案古無“噏”“翕”二字。《說文解字》云：歙，縮鼻也。“歙”有縮義，故與“張”為對。“翕”古文字少通用。羅振玉云：

景龍本作翕。），必固張之；將欲弱之，必固強之；將欲廢之，必固舉之；（"舉"各本作"興，"疑本為"舉，"脫壞為"與，"遂誤改為"興。""舉"與下"予"為韻。）將欲取之，（范應元云："取"一作"奪，"非古也。馬敍倫云：韓非喻老篇引並作"取。"）必固予之。（馬敍倫云："固"讀為"姑且"之"姑。"韓非說林上周書曰：欲將取之，必姑予之。）是謂微明。柔勝剛。弱勝強。（王弼本，河上本，作"柔弱勝剛強。"傅奕本作"柔之勝剛，弱之勝強。"羅振玉云：景龍作"柔勝剛，弱勝強。"）

魚不可脫於淵；國之利器，不可以示人。（"國"傅奕本作"邦。"畢沅云：韓非子亦作"邦。"河上公王弼並作"國。"莊子作"國。"說苑作"國之利器不可以借人。"以上王弼本題云：三十六章。河上本以此為微明章。）

道常無為而無不為。侯王若能守之，萬物將自化。化而欲作，吾將鎮之無名之樸。夫亦將無欲。（此句上各本有"無名之樸"四字。羅振玉云：據釋文王本似無此句。）不欲以靜，天下將自正。（"正"各本作"定。"傅奕本作"正。"羅振玉云：景龍御注景福三本定均作"正。"以上王弼本題云：三十七章。河上本以此為為政章。）

樸雖小，天下莫能臣也。（王弼本如此。傅奕本無"也"字。羅振玉云：景龍御注敦煌英倫諸本，"莫能"作"不敢，"景福作"莫敢。"又均無"也"字。）侯王若能守，（各本"守"下有"之"字，傅奕本無。羅振玉云：景龍御注敦煌英倫諸本均無"之"字。）萬物將自賓。天地相合，以降甘露，民莫之令而自均。（此原在三十二章。今移此，別為一章，承上章無名之樸而言。）

上德不德，是以有德。下德不失德，是以無德。上德無為而無不為。（“無不為”各本作“無以為”茲據《韓非子·解老》篇改作“無不為。”）下德為之而有不為。（“不”各本作“以。”陶鴻慶云：“以”當作“不，”與上句反正互明。注云：下德求而得之，為而成之。求而得之，必有失焉；為而成之，必有敗焉。善名生則有不善應焉。此正釋經文有不為之義。）上仁為之而無以為。下義為之而有以為。上禮為之而莫之應，則攘臂而仍之。（“仍”各本作“扔，”傅奕本作“仍。”劉師培云：據韓非則“扔”當作“仍。”仍，因也。羅振玉云：景龍御注景福三本“扔”作“仍。”）故失道而後德，失德而後仁，失仁而後義，失義而後禮。（畢沅云：韓非解老四“而後”下並有失字。柱按莊子引無。）夫禮者忠信之薄也，而亂之首乎？（各本“薄”下無“也”字，“乎”作“也。”今從韓非。）前識者道之華也，而愚之始乎？（“也”字各本無。據韓非增。“乎”字韓非亦作“也，”據韓非上句改。）是以大丈夫處其厚不處其薄，處其實不處其華，故去彼取此。（以上王弼本題云：三十八章。河上本以此為論德章。

昔之得一者，天得一以清；地得一以寧；神得一以靈；谷得一以盈；萬物得一以生；侯王得一以為天下貞。（羅振玉云：景龍本景福本“貞”均作“正。”）天無以清，將恐裂；（此句上王本河上本有“其致之”三字。傅奕本有“其致之一也”五字。馬敍倫云：是古注文。）地無以寧，將恐發；（劉師培云：“發”讀為“廢。”說文曰：廢，屋頓也。）神無以靈，將恐歇；谷無以盈，將恐竭；萬物無以生，將恐滅；侯王無以貞，將恐蹶。（王弼本作“無以貴高將恐蹶，”傅奕本作“無以為貞而貴高將恐蹶。”劉師培云：當作無以貞將恐蹶。此承上“侯王得一以為天下貞”而言，“貞”誤為“貴。”後人因下文增“高”字。）故貴必以賤為號；高必以下為基。（各本

"以"上無"必"字，河上本有。"號"各本作"本。"劉師培云：淮南原道訓作"貴者必以賤為號，"是古本如此。"號"指孤寡不穀言。姚鼐云："故貴以賤為本，""故"字衍。"貴以賤為本，"至"非乎"二十六字，應在四十二章"人之所所惡"之上。柱按審文四十二章之文當移此。）是以侯王自謂孤寡不穀。（羅振玉云："謂"景福本作"曰"）此其以賤為本與？非乎？（王弼本作"此非以賤為本邪非乎，"傅奕本作"是其以賤為本也非歟。"羅振玉云：景龍御注景福三本"此非"作"此其，"敦煌本作"是其，""邪"敦煌本作"與。"）人之所惡，唯孤寡不穀，而侯王以為稱。（此十五字本四十二章之文，據文義移此。"侯王"王本，河上本，作"王公，"傅奕本作"王侯，"今據上文作"侯王。"）故致譽無譽，（各本作"致數輿無輿。"羅振玉云：釋文出"數譽"二字，知王本作"譽。"柱按"數"乃"致"之誤衍。）故物凡損之而益，或益之而損。（此十二字亦四十二章文。）不欲祿祿如玉，落落如石。（"祿祿"王本河上本作"琭琭，"傅奕本作"碌碌。""落落"王本作"珞珞。"畢沅云：古無"琭""碌""珞"三字。羅振玉云：敦煌本"琭琭"作"祿祿。"景龍御注敦煌三本"珞珞"均作"落落。"以上王弼本題云：三十九章。河上本以此為法本章。）

反者道之動；弱者道之用。

天下萬物生於有；有生於無。（以上王弼本題云四十章。河上本以此為去用章。）

上士聞道勤而行；（各本"行"下有"之"字。羅振玉云：御注本無"之"字。）中士開道若存若亡；下士聞道大笑之，不笑不足以為道。故建言有之曰：（王本河上本無"曰"字，傅奕本有。羅振玉云：敦煌本作"是以建言有之曰。"）明道若昧；進道若退；

夷道若纇；（羅振玉云：釋文河上本作"纇，"景龍敦煌景福三本亦作"纇。"上德若谷；大白若辱；廣德若不足；建德若偷；（羅振玉云：敦煌本無此句。廣明本"偷"作"媮。"質直若偷；大方無隅；大器晚成；大音希聲；大象無形；道隱無形。夫唯道，善貸且成。（羅振玉云：敦煌本"貸"作"始。"以上王弼本題云：四十一章。河上本以此為同異章。）

道生一；一生二；二生三；三生萬物。萬物負陰而裹陽，（"裹"各本作"抱。"傅奕本如此。）盅氣以為和。（"盅"各本作"沖，"范應元作"盅。"此下各本有"人之所惡，唯孤寡不穀，而王公以為稱，故物或損之而益，或益之而損，"二十七字，今移在上。

人之所教，我亦教之；強梁者不得其死，吾將以為教父。（傅奕本"教"作"學。"羅振玉云：敦煌本作"學。"以上王弼本題云：四十二章。河上本以此為道化章。）

無有入有閒。（此句上各本有"天下之至柔馳騁天下之至堅"十二字。柱按此十二字乃七十八章錯簡。）吾是以知無為之有益也。（各本無"也"字，傅奕本有。畢沅云：淮南子有。）不言之教，無為之益，天下希及之。（以上王弼本題云：四十三章。河上本以此為偏用章。）

名與身，孰親？身與貨，孰多？得與亡，孰病？甚愛，必大費。（各本"甚"字上有"是故"二字。畢沅云：河上公無"是故"二字。羅振玉云；景福本無"是故"二字。）多藏，必厚亡。故知足，不辱；（各本無"故"字。羅振玉云：此句之首，景龍本敦煌本皆有"故"字。）知止，不殆。可以長久。（以上王弼本題云：四十四章。河上本以此為立戒章。）

大成若缺，其用不敝。（王本河上本“敝”作“弊”傅奕本作“敝”）大盈若盅，（各本“盅”作“沖”）其用不窮。大直若詘。（王本河上本作屈，傅奕作詘。孫詒讓云：韓詩外傳九引亦作“詘。”外傳引大巧句在大辯句下，下有其用不屈四字。）大巧若拙。大辯若訥。（馬敍倫云：大巧句下，及大辯句下，應各有“其用不口——一句，而今亡矣。

躁勝寒。靜勝熱。清靜為天下正。（以上王弼本題云：四十五章。河上本以此為洪德章。）

天下有道，卻走馬以糞車；（傅奕本“糞”作“播。”彭耜曰：朱文公本“糞”下有“車”字。畢沅云：張衡《東京賦》引亦有車字，“糞”“播”古字通用。）天下無道，戎馬生於郊。

罪莫大於可欲；（王本無此句，傅奕本宋河上本均有。羅振玉云：景龍御注敦煌景福四本均有罪莫大於可欲句。）禍莫大於不知足；咎莫大於欲得；（“大”傅奕本作“憯。”羅振玉云：敦煌本作“甚。”）故知足之足常足矣。（以上王弼本題云：四十六章。河上本以此為儉欲章。）

不出戶，知天下；不闚牖，見天道。其出彌遠，其知彌尟。（“彌”各本作“彌，”“尟”各本作少，傅奕本如此。）是以聖人不行而知，不見而名，不為而成。（以上王弼本題云：四十七章。河上本以此為鑒遠章。）

為學日益；為道日損。損之又損。以至於無為，而無不為。（以上各本有“取天下常以無事及其有事不足以取天下”十七字，當是五十七章錯簡，今移下。以上王弼本題云：四十八章。河上本以此為忘知章。）

聖人無心（“心”上各本均有“常”字。羅振玉云：景龍本敦煌本均無"常"字。）以百姓心為心。善者吾善之；不善者吾亦善之，得善。信者吾信之，不信者吾亦信之，得信。（王本河上本"得"作"德，"傅奕作"得，""得善""得信"下並有"矣"字。羅振玉云：景龍本敦煌本均作得。）聖人之在天下歙歙焉；為天下混混焉；（傅奕本如此。王弼本作"聖人在天歙歙為天下渾其心。"）百姓皆注其耳目，（傅奕本如此。畢沅云：聚珍版王弼本無此句，據陸德明釋文應有。）聖人皆咳之。（"咳"各本作"孩，"傅奕如此。以上王弼本題云：四十九章。河上本以此為任德章。）

出生入死，生之徒十有三，死之徒十有三。民之生生而動動皆之死地，亦十有三。（傅奕本如此。王弼本作"人之生動之死地亦十有三。"劉師培云：傅奕本與韓非同，此為古本。）夫何故？以其生生之厚。夫惟能以無以生為者，是賢於貴生也。（各本無此十六字。馬敘倫云：七十五章"夫惟能無以生者是賢於貴生者也"二句，當在此下。淮南精神訓"以其生生之厚，夫惟能無以生為者，則所以修得生也，"文子九守篇"以其生生之厚，夫惟無以生為者，"皆以夫惟能無以生為者連此句，義亦相屬。馬說是也。）

蓋聞善攝生者，陸行不遇兕虎；入軍不被甲兵。（羅振玉云：敦煌本"甲"作"鉀，"乃"甲"之別體。）兕無所投其角；虎無所措其爪；兵無所容其刃。夫何故？以其無死地。（以上王弼本題云：五十章。河上本以此為貴生章。）

道生之；德畜之；物形之；勢成之。是以萬物莫不尊道而貴德。道之尊，德之貴。夫莫之命而常自然。故道生之，（各本此下有"德畜之"三字。羅振玉云：敦煌本脫此三字。成疏云：重疊前文，以生後句，而舉道不言德者，明德不異道，而又略故也。）長之育之，亭之毒之，蓋之覆之；（王本河上本"蓋"作"養，"傅奕本如此。）

生而不有，為而不恃，長而不宰。（此下各本有“是謂玄德”四字，馬敍倫云：乃五十六章文。以上王弼本題云：五十一章。河上本以此為養德章。）

天下有始，以為天下母。既得其母，以知其子；既知其子，復守其母；沒身不殆。

塞其兑，（羅振玉云：釋文河上本作銳，景福本亦作“銳，”下同。）閉其門，終身不勤；開其銳，濟其事，終身不救。

見小曰明；守柔曰強；復歸其明，無遺身殃，是謂習常。（“謂”各本作“為，”傅奕本作“謂。”羅振玉云以全書例之，當作“謂，”據景龍御注敦煌諸本改。以上王弼本題云五十二章。河上本以此為歸元章。）

使我介然有知。行於大道，唯施是畏。大道甚夷，而民好徑。（羅振玉云：御注本作“民其好徑。”）朝甚除；田甚蕪；倉甚虛；服文采；（“采”王弼本作“綵，”傅奕本作采。羅振玉云：御注本作“彩，”廣明本作“絲。”）帶利劍；厭飲食；資貨有餘；（“資貨”各本作“財貨。”畢沅云：韓非子作“資貨，”羅振玉云：敦煌本“財”作“資。”）是謂盜竽。（各本“竽”作“夸。”羅振玉云：敦煌本作“夸。”杜按韓非子解老篇作“盜竽。”釋云：大姦作則小盜隨；大姦唱則小盜和。竽也者五聲之長也。故竽先則鐘瑟皆隨，竽唱則諸樂皆和。今大姦作則俗之民唱；俗之民唱，則小盜必和；故服文綵，帶利劍，厭飲食，而資貨有餘者，是之謂盜竽矣。韓非釋“盜竽”義甚當，此是古本。）盜竽（王本無此“二字”各本作盜夸。）非道施哉？（杜按“施”各本作“也，”卽施之省，或施之壞體，卽“唯施是畏”之“施”也。以上王弼本題云：五十三章。河上本以此為益證章。）

善建不拔；善褏不脫；（各本"不"上有"者"字；"褏"各本作抱，傅奕本作"褏。"畢云：韓非子無二"者"字。"褏"俗作"抱，"非。）子孫以共祭祀，世世不輟。（宋河上本作"子孫祭祀不輟。"王弼本傅奕本與河上同，惟王本"不"上多"以"字。馬敍倫云：當從韓非作子孫以其祭祀，世世不輟。惟"其"字當是"共"字之譌。"共"當為"龔。"《說文》龔，給也。）

修之於身，其德乃眞；（羅振玉云：敦煌本"乃"作"能，"下四句"乃"字同。）修之於家，其德乃餘；修之於鄉，其德乃長；修之於邦，共德乃豐；（各本"邦"作"國，"傅奕本作"邦。"）修之於天下，其德乃普。（傅奕本五"修之"下均無"於"字。畢沅云：河上公王弼五"修之"下，並有"於"字，韓非淮南同。）故以身觀身；以家觀家；以鄉觀鄉；以邦觀邦；以天下觀天下。吾何以知天下之然哉？以此。（各本"然"上無"之"字，傅奕本有。羅振玉云：景福本"下"下有"之"字。○以上王弼本題云：五十四章。河上本以此為修觀章。）

含德之厚，比於赤子；毒蟲不螫；（傅奕本作"蜂蠆不螫。"畢沅云：河上公作"毒蟲不螫。"王弼作"蜂蠆虺蛇不螫。"羅振玉云：景龍御注敦煌景福諸本均作"毒蟲不螫。"）猛獸不攫；據鳥不搏；骨弱筋柔而握固；未知牝牡之合而朘作，（"朘"傅奕本如此。畢沅云：河上公作"峻，"王弼作"全，"徐鉉本《說文解字》"朘"字新附，而陸德明音義引之，有子和切之言，似唐本有而宋本無之。羅振玉云：景福本作"峻。"）精之至也；終日號而不嚘。（"嚘"王本河上本作"嗄。"畢沅云：王篇引作"終日號而不嚘。"《說文解字》有"嚘"字。云；語未定貌。揚雄《太玄經》"柔兒於號，三日不嚘，"）和之至也。知和曰常知常曰明。益生曰殃。

（"殃"各本作"祥"柱按益生不得為祥。《莊子·德充符》篇云："常因自然而不益生。"是益生為逆自然，安得為祥乎？《墨子·非樂》上篇"降之百殃。"畢沅云：殃祥字異文，非是。"殃"當為"殃"之異文。老子此"祥"字，疑本"殃"之誤，今正。易順鼎云："祥"即不祥，書序云："有祥桑共生於朝，"與此"祥"字義同。）心使氣則彊。（傅奕本如此。王弼本作曰強。馬敍倫云："彊"借為"僵"。《莊子·則陽篇》"推而彊之，"王篇引作"僵。"此下各本有"物壯則老，謂之不道，不道早已，"十二字。馬敍倫云：此文已見三十章，乃因錯簡而復出者也。以上王弼本題云：五十五章。河上本以此為元符章。）

挫其銳，（此上各本有"知者不言言者不知塞其兌閉其門"十四字。馬敍倫云："知者不言"二句，蓋八十一章錯簡。"塞其兌"二句，乃五十一章文。按馬說是也，今正。）解其紛；和其光，同其塵；是謂玄同。故不可得而親，（羅振玉云：景福本無"而"字下五句同。）亦不可得而疏；（傅奕本如此。畢沅云：王弼無"亦"字，下二句同。）不可得而利，亦不可得而害；不可得而貴，亦不可得而賤；故為天下貴。（以上王弼本題云：五十六章。河上本以此為玄德章。）

以正治國；以奇用兵；以無事取天下。取天下常以無事，及其有事，不足以取天下。吾何以知其然哉以此；（高延第云：以此指下八句。）天下多忌諱，而民彌貧；（"彌"各本作"彌，"傅奕本如此。）民多利器，國家滋昏；人多伎巧，奇物滋起；法令滋彰，盜賊多有。故聖人云：我無為，民自化；我好靜，民自正；我無事，民自富；我無欲，民自樸。（四"民"字上各本皆有"而"字。羅振玉云：景龍本無"而"字。柱按無"而"字是也。為化韵，靜正

韵，事富韵，欲樸韵。以上王弼本題云：五十七章。河上本以此為
淳風章。）

其政悶悶，其民醇醇，其政察察，其民缺缺。

禍兮福所倚，福兮禍所伏，孰知其極？（此下各本有"其無正"
三字，傅奕本作"其無正衺。"柱按此衍文也。王注云："言誰知善
治之極乎？唯無可正舉，無可形名，悶悶然而天下大化，是其極
也。"止釋極義，不釋無正之義。其云"唯無可正舉"者，即首二
句注所謂"言善治政者無形無名無事無政可舉"之"無正。"其云
"無可形名"亦即前注之"無形，"非釋此文之正字也。"其無政"
三字，蓋涉上句而衍"其"字，涉注文而衍"無政"二字耳。"衺"
字亦後人妄加。）正復為奇；善後為妖。人之迷也，其日故以久矣。
（王弼本作"人之迷其日固久，"傅亦本作"人之迷也其日固久矣，"
《韓非子・解老》作"人之迷也其日故以久矣。""以""巳"同
字。）是以聖人方而不割；廉而不劌；直而不肆；光而不耀。（馬敘
倫云：此四句當移至"其民缺缺"下。柱按《韓非・解老篇》，先
釋"禍福"兩句，次釋"人之迷"句，又次釋"方而不割"四句，
次第與今本《老子》同，知古本亦如此也。馬說謬。此四句與上文
義自接，蓋以福有禍伏，善後為妖，故方而不割云云也。以上王弼
本題云：五十八章。河上本以此為篇順化章。）

治人事天莫若嗇。夫唯嗇，是以早服。（傅奕本如此，各本
"以"作"謂，"韓非子作"夫謂嗇是以蚤服。"羅振玉云：敦煌本
"謂"作"以"。）早服是謂重積德。（"韓非子如此，各本作"謂
之。"）重積德則無不克。無不克則莫知其極。莫知其極則可以有
國。（韓非子如此，各本無"則"字。）有國之母，可以長久。是謂
深其根，固其柢，長生久視之道。（各本無二"其"字。據韓非子

增。羅振玉云：“柢”釋文亦作“蒂，”敦煌御注景福三本作“帶。”以上王弼題云：五十九章。河上本以此為守道章。）

治大國者若享小鮮。（各本無“者”字，“享”作“烹。”今據韓非子增“者”字。王先慎云：治要有“者”字。羅振玉云：敦煌庚本作“享。”）

以道位天下者（“位”各本作“莅，”無“者”字。傅奕本作“涖，”今據韓非增“者”字。畢沅云：古“涖”字作“隸，”亦通用“位，”俗作“涖，”及“莅”，並非也。王先慎云：治要引亦有“者”字，蓋唐人所見《老子》本有“者”字。羅振玉云：敦煌庚本景福本均有。）其鬼不魖。（“魖”各本作“神。”柱按《說文》鬼部有“魖”字，云：神也，從鬼，申聲。段玉裁注云：老子“其鬼不神，”《封禪書》曰：“秦中最小鬼之神者，”中山經青要之山魖武羅司之。郭云：“魖”即“神”字。許意非一字也。鄭知同云：謂鬼之神者，是從神義別造神鬼專字。然則老子此文本字蓋當作“魖”也。今正，下同。）非其鬼不魖也，其魖不傷人也。（各本無兩“也”字，今據韓非增。）魖不傷人，（各本句首有“非其”二字。陶鴻慶云：蓋涉上文而誤衍。柱按陶說是也。下文“兩不相傷，則德交歸焉，”若此云，“非其魖不傷人，”豈能說兩不相傷邪?）聖人亦不傷民。（“民”各本作“人，”據韓非作“民。”）兩不相傷，則德交歸焉。（各本兩上有“夫”字。“則”字作“故。”今據韓非如此。以上王弼本題云：六十章。河上本以此為居位章。）

大國者天下之下流；（各本無“天下之”三字，傅奕本如此。）天下之郊；（各本“郊”作“交，”下同。羅振玉云：敦煌本作“郊。”）天下之牝。牝常以靜勝牡，以其靜為下。（各本無“其”字，傅奕本作“以其靖故為下也。”羅振玉云：敦煌庚本有“其”

字。）故大國以下小國，則取小國；小國以下大國，則取大國。（“聚”各本均作“取，”下“而聚”同。羅振玉云：御注本敦煌辛本均作“聚。”下“而取”同。）故或下以取；或下而聚。大國不過欲兼畜人，小國不過欲入事人。此兩者各得其所欲，大者宜為下。（“此”各本作“夫，”傅奕本“無。”羅振玉云：景龍本“夫”作“此，”景福本敦煌庚本無“此兩者”三字。以上王弼本題云：六十一章。河上本以此為謙德章。柱按此章文義淺陋，不似老子之文，疑是戰國時權謀家所增。）

道者萬物之奧，善人之寶，不善人之所保。（羅振玉云：景龍本敦煌辛本“所”下有“不”字。柱按此下各本有“美言可以市尊行可以加人人之不善何棄之有”十九字。他章錯簡也。今移正。馬敍倫說同。）故立天子，置三公，雖有拱璧，以先駟馬，不如坐進此道。古之所以貴此道者何？不曰以求得之，（各本無“之”字。羅振玉云：敦煌庚本“得”下有之字。）有罪以免邪？（柱按自“故立天子”至“以免邪”文義淺陋，不類老子之文，疑妄人加入。）故為天下貴。

美言可以市尊；美行可以加人。（各本“行”上無“美”字，俞樾云：淮南道應篇人閒篇，引此文並作“美言可以市尊美行可以加人。”是今本脫下“美”字。以上王弼本題云：六十二章。河上本以此為道章。）

為無為；事無事；味無味。（各本此下有“大小多少報怨以德”四字。馬敍倫云：“報怨以德”一句當在七十九章“和大怨”上。）是以聖人欲不欲，不貴難得之貨；學不學，後衆人之所過：以順萬物之自然，而不敢為也。（各本無“也”字，傅奕本有。此三十四字，各本在六十四章，今移此。）

　　為多於少，（各本無此句。"報怨以德"上有大小多少四字。不成句，疑"大小"二字即下文"為大於細"句之譌脫。準此例之，則多少二字，亦疑為"為多於少"之譌脫。二十二章云："少則得；多則惑。"是"為多於少"之證也。姑録於此，以待質正。）為大於細，（於下各本有"其"字。羅振玉云：景龍本敦煌辛本均無"其"字，下句同。）圖難於易。（各本此句在"為大於細"句上。）天下之難事，必作於易；天下之大事，必作於細。（各本此二句無"之"字，韓非子有；傅奕本亦有。）合襄之木，生於豪末；（各本"襄"作"抱。"茲從傅奕本。）九層之臺，起於累土；千里之行，（羅振玉云：敦煌辛本作"而百仞之高。"始於足下。（此二十四字，各本錯在六十四章，審校文義，與此文上下句相接，故移此，為"天下大事必作於細"之證。）是以聖人終不為大，故能成其大。夫輕諾必寡信。多易必多難，（此即天下難事必作於易之證）是以聖人猶難之。（"由"各本作"猶，"羅振玉云：御注本作"由。"以上王弼本題云：六十三章。河上本以此為思始章。）

　　其安易持；其未兆易謀；其脆易泮；其微易散。為之於未有，治之於未亂，（此下各本有"合抱之木生於豪末九層之臺起於累土千里之行始於足下為者敗之執者失之是以聖人無為故無敗無執故無失"四十六字，錯簡也。今移正。）民之從事。常於幾成而敗之。慎終如始，則無敗事。（此下各本有"是以聖人欲不欲不貴難得之貨學不學復衆人之所過以順萬物之自然而不敢為也"三十四字，蓋六十三章錯簡。以上王弼本題云：六十四章。河上本以此為守微章。）

　　古之善為道者，非以明民，將以愚之。民之難治，以其多智。（各本作"智多。"羅振玉云：景龍本敦煌辛本均作"多智。"）故以智治國，國之賊；不以智治國，國之福。知此兩者亦楷式。

（"楷"各本作"稽，"河上本作"楷。"羅振玉云：景龍御注景福敦煌辛壬諸本亦作"楷式。"下同。）常知楷式，是謂玄德。玄德深矣，遠矣，與物反矣，乃至大順。（各本"乃"上有"然後"二字。傅奕本"乃"下有"復"字，"至"下有"於"字。羅振玉云：景福本敦煌庚壬二本無"然後"二字。敦煌庚本"至"下有"於"字。以上王弼本題云：六十五章。河上本以此為淳德章。）

譬道之在天下，猶川谷之於江海。（各本此句錯在三十二章。）江海之所能為百谷王者，以其善下之，故能為百川王。是以聖人（王弼本無"聖人"二字，傅奕本有。羅振玉云：景龍御注景福敦煌庚壬諸本以下均有"聖人"二字。）欲上民，必以言下之；欲先民，必以身後之。是以處上而民不重；（"是以"下各本有"聖人"二字。羅振玉云：敦煌辛本無"聖人"二字。）處前而民不害。是以天下樂推而不斁。（"斁"各本作"厭。"羅振玉云：御注本作斁。即厭。）以其不爭，故天下莫能與之爭。（以上王弼本題云：六十六章。河上本以此為後已章。）

天下皆謂我道大（傅奕本無"道"字。羅振玉云：景龍御注景福敦煌庚辛壬諸本均無"道"字。）似不肖。（羅振玉云：敦煌辛本"肖"作"笑"下二"肖"字同。）夫唯大，故似不肖。若肖，久矣，其細矣夫？（馬敍倫以此與下分章，是也。）

我有三寶，持而保之：一曰慈，二曰儉，三曰不敢為天下先。（羅振玉云：敦煌辛本無"敢"字。）慈故能勇；儉故能廣；不敢為天下先，故能為成事長。（"能"下各本無"為"字。"事"各本作"器，"今從韓非子。）今舍慈且勇，舍儉且廣，舍後且先，死矣。夫慈以戰則勝，（傅奕本"戰"作"陳。"羅振玉云：敦煌庚辛二本作陳。）以守則固。天將救之，以慈衛之。（以上王弼本題云：六十七章。河上本以此為三寶章。）

善為士者不武；善戰者不怒；善勝敵者不與；善用人者為之下；是謂不爭之德；是謂用人之力；是謂配天之極。（各本"天"下有"古"字。奚侗云："天"下有"古"字，誼不可通。殆下章"用兵有言"句上有"古之"二字，"古之"錯入於此，而又脫一"之"字。以上王弼本題云：六十八章。河上本以此為配天章。）

古之用兵者有言：（各本"用兵"上無"古之"二字，說見前。）吾不敢為主而為客；吾敢進寸而退尺。是謂行無行；（柱按下"行"字當為"胻"之省借。）攘無臂；執無兵；扔無敵。（各本"執無兵"句在"扔無敵"下。陶方琦云："執無兵"句，應在"扔無敵"句上。弼注曰：猶行無行，攘無臂，執無兵，扔無敵也。）

禍莫大於輕敵。輕敵幾喪吾寶。故抗兵相加，則哀者勝矣。（王本無"則"字，傅奕本有。羅振玉云：景龍本敦煌辛本，均作"則哀者勝。"以上王弼本題云：六十九章。河上本以此為元用章。）

言有宗。事有君。（此二句各本在"莫能行"下，今移上。）吾言甚易知，甚易行；天下莫能知，莫能行。夫唯有知，是以不我知。（"有"各本作"無。"陶方琦云：王弼注曰：故有知之不得知之也。疑王本"無知"作"有知。"馬敍倫云：陶說是也。上"知"字當讀為"智。"柱按馬讀上"知"字為"智，"非也。《莊子·知北游篇》云：彼其真是也，以其不知也。此其似之也，以其忘之也。予與若，終不近也，以其知之也。此有知不知之證。）知我者希，則我貴矣。（羅振玉云：景福本"則"作"明"敦煌庚壬二本作"則我貴矣。"）是以聖人被褐懷玉。自知不自見；自愛不自貴；故去彼取此。（各本此三句在第七十二章"自知"上，有"是以聖人"四字。羅振玉云：敦煌辛本"是以"作"故。"柱按皆衍文也。以上王弼本題云：七十章。河上本以此為知難章。）

知，不知，上；不知，知，病；夫唯病病，是以不病。聖人不病，以其病病，是以不病。（以上王弼本題云：七十一章。河上本以此為知病章。）

民不畏威，則大畏至矣。（"大"下"畏"字，各本作"威。"王弼本無"矣"字。傅奕本有。羅振玉云：景龍本無"則"字，敦煌庚本作"大畏至矣，"壬本景福本均作"大威至矣。"）

無狎其所居；無厭其所生。夫唯不狎，（吳澄云："不狎"舊作"不厭，"盧陵劉氏曰：上句"不厭"當作"不狎，"今從之。）是以不厭。（以上王弼本題云：七十二章。河上本以此為愛己章。）

勇於敢則殺；勇於不敢則活。知此兩者，或利或害。（各本"此"上無"知"字。羅振玉云：景龍御注景福三者均作"知此兩者，"敦煌庚壬二本作"常知此兩者。"）天之所惡，孰知其故？（此下各本有"是以聖人猶難之"七字。馬敘倫云："是以"一句，乃六十三章錯簡。羅振玉云：景龍本敦煌本均無此句。）天之道，不爭而善勝，不言而善應，不召自來，默然而善謀。（畢沅云："默"河上公作"墠，"王弼作"繟。"陸德明曰：梁武王尚鍾會孫登張嗣本作"坦。"羅振玉云：敦煌庚本亦作"坦，"辛壬本作"不言。"）天網恢恢，疏而不失。（羅振玉云：景龍本"失"作"漏。"以上王弼本題云：七十三章。河上本以此為任為章。）

民不畏死，奈何以死懼之？若使民常畏死，而為奇者吾得而殺之，孰敢？

常有司殺者殺，而代司殺者殺，（王本"而"作"夫，"傅奕本如此。羅振玉云：景龍御注景福敦煌庚辛諸本，均無下"殺"字。）是謂代大匠斲。夫代大匠作斲者，希有不傷其手者矣。（以上王弼本題云：七十四章。河上本以此為制感章。）

民之饑，以其上食稅之多，是以饑；民之難治，以其上之有為，是以難治；民之輕死，以其求生之厚，是以輕死。（此下各本有“夫唯無以生為者，是賢於貴生”十二字。馬敍倫云：此二句乃五十章錯簡。以上王弼本題云：七十五章。河上本以此為貪損章。）

人之生也柔弱，其死也堅強；（羅振玉云：敦煌辛本作剛。）萬物草木之生也柔脆，其死也枯槁。故曰：（各本無“曰”字。羅振玉云：敦煌庚本作“故曰。”）堅強者死之徒。柔弱者生之徒。是以兵強則不勝；木強則䔾。（“䔾”各本作“兵。”俞樾云：老子原文當作“木強則折。”柱按俞說是也。“折”篆文作“𣂪，”古文或有作“𣂭”者，與兵字篆文作“𠥑”形近。）強大處下，柔弱處上。（以上王弼本題云：七十六章。河上本以此為戒彊章。）

天下之道其猶張弓？（“弓”下各本有“與”字。羅振玉云：景龍本敦煌辛本均無與字。）高者抑之；下者舉之；有餘者損之；不足者補之。天之道，損有餘而補不足；人之道則不然，損不足以奉有餘。孰能損有餘以奉不足？唯有道者。（各本無“損”字，據傅奕本增。傅奕本此句作“孰能損有餘而奉不足於天下者其惟有道者乎”不類老子文。）是以（“以”下各本有“聖人為而不恃功功成而不居其不欲見賢”十六字。馬敍倫云：“為而不恃”二句，當在五十一章。柱按“為而不恃二句，當是第二章之複錯。”）聖人不積；既以為人已愈有；既以與人已愈多。天之道，利而不害；聖人之道，為而不爭。（各本“聖人不積”以下三十三字錯在八十一章。馬敍倫云：八十一章“聖人不積”以下當在此“是以”下。以上王弼本題云：七十七章。河上本以此為天道章。）

天下之至柔，馳騁天下之至堅。（各本此十三字錯在第四十三

章。）天下莫柔弱於水，而攻堅強者莫之能先。（“先”各本作
“勝，”傅奕本如此。羅振玉云：景龍本敦煌本“勝”均作“先。”）
以其無以易之。弱之勝強，柔之勝剛，天下莫不知，（羅振玉云：景
龍本敦煌辛本“不”均作“能。”柱按作“不”為是。）莫能行。是
以聖人云：（羅振玉云：敦煌辛本無“云”字，御注本“云”作
“言，”景龍本作“故聖人云，”景福本敦煌庚本作“故聖人言
云。”）受國之垢，是謂社稷主；受國不祥，是謂天下王。（“天”
上“謂”字，各本作“為。”河上本作“謂。”）正言若反。（以上
王弼本題云：七十八章。河上本以此為任信章。）

報怨以德；（各本此句錯在五十九章。）和大怨，必有餘怨，安
可以為善。是以聖人執左契，不責於人。（各本“不”上有“而”
字。畢沅云：李約無“而”字。羅振玉云：景龍本敦煌辛本均無
“而”字。）有德司契；無德司徹。

天道無親，常與善人。（以上王弼本題云：七十九章。河上本以
此為任契章。）

小國寡民，使民有什伯之器而不用；（各本“使”下無“民”
字。羅振玉云：敦煌辛本作“使民有什伯之器，”庚本作“使有阡
陌人之器。”）使民重死而不遠徙；雖有舟輿，無所乘之；雖有甲
兵，無所陳之；使民復結繩而用之；（“民”各本作“人，”傅奕本
作“民。”羅振玉云：景龍御注景福敦煌庚四本均作“民。”）甘其
食，美其服，安其居，樂其俗，鄰國相望，雞犬相聞，民至老死不
相往來。（以上王弼本題云：八十章。河上本以此為獨立章。）

知者不言，言者不知；（各本此二句錯在第五十六章。據馬敍倫
說移至此。）信者不美，美者不信；（此二句兩“者”字各本作言。
俞樾云：當作“者，”與下文“善者不辨，辨者不善，知者不博，博

者不知，"一律，河上注云："信者如其實，不美者樸，且質，"可證古本正作"信者不美，美者不信。"）善者不辯，辯者不善；智者不博，（各本"智"作"知。"羅振玉云：敦煌辛本作"智。"柱按"知""智"古本同字。然此與上"至者不言"當異義，此句"知"字當讀如今之"智。"）博者不智。是以聖人不欲見賢。（各本無"是以聖人不欲見賢"九字。柱按第七十七章有"是以聖人為而不恃功成而不處其不欲見賢"三句；"為而不恃，功而不居，"二句，是五十一章錯簡。"是以聖人不欲見賢"當是此章錯簡。又而衍"其"字也。以上王弼本題云：八十一章。河上本以此為顯質章。

編後記

　　《老學八篇》的作者陳柱（1890～1944 年），字柱尊，號守玄，廣西北流人，中國現代著名學者。陳柱專于研究中國傳統學術，一生著述宏富，涉及經史子集四部，尤精於子部，特別是在老子研究方面成就卓著。《莊子天下篇講疏》的作者顧實（1878～1956 年），字惕生，江蘇武進（今江蘇常州）人，中國現代著名的古文字學家。通英、法、德、日多國語言，并對中國先秦思想頗有研究。

　　《老學八篇》是陳柱老子研究中的一部重要著作。在書中，陳柱對老子的生平，老子在文學、哲學上的成就，莊子學說與老子學說之間的關係以及二者的比較等問題進行了深刻而富有個性的分析。《莊子·天下》篇可謂中國古代學術和思想史的濫觴，對後人研究先秦學術思想具有重要的參考價值。

　　本社此次以商务印书馆 1934 年印行的《老學八篇》為底本進行整理。在具體的整理過程中：首先，將底本的豎排版式轉換為橫排版式。由於原書的體例和層次在表達稍有混亂，此次整理中對全書的層次進行了重新梳理；其次，在語言文字方面，尤其是與今有異之處，均保持底本原貌，以尊重原書的價值；再次，底本中的標點以頓號和句號為主，為便於讀者閱讀和理解，此次整理中均依現代漢語標點符號規則進行梳理，特別是底本中涉及書籍時並無書名號，現均依當今的閱讀習慣加以書名號；又次，在整理中，將原書稿中的引文取用楷體字，但對於引文後有較多本書作者疏解文字的，則其前面的引文不單用楷體；最後，對於原書中偶有的錯誤，無論其是否為作者之誤還是民國時期的印刷之誤，均以“編者註”的形式進行了修正或解釋，最大可能地消除讀者的困惑。

文　茜

2012 年 9 月

《民國文存》第一輯書目